국제무대에서 꿈을 펼치고 싶어요

국제무대에서 꿈을 펼치고 싶어요

초판 1쇄 펴냄 2011년 4월 1일
　　12쇄 펴냄 2022년 1월 7일

지은이 서지원 나혜원
그린이 하민석
감수 이랑

펴낸이 고영은 박미숙
펴낸곳 뜨인돌출판(주) | 출판등록 1994.10.11.(제406-251002011000185호)
주소 10881 경기도 파주시 회동길 337-9
홈페이지 www.ddstone.com | 블로그 blog.naver.com/ddstone1994
페이스북 www.facebook.com/ddstone1994 | 인스타그램 @ddstone_books
대표전화 02-337-5252 | 팩스 031-947-5868

ⓒ 2011 서지원, 하민석

ISBN 978-89-93963-35-9　73300

★ '만나고 싶었어요!'에 등장하는 직업인들의 말투는 친근하게 느껴지도록 재구성했습니다.

어린이제품안전특별법에 의한 제품표시
제조자명 뜨인돌출판(주) **제조국명** 대한민국 **사용연령** 만 8세 이상

국제무대에서 꿈을 펼치고 싶어요

글 서지원 나혜원 그림 하민석
감수 이랑(한국고용정보원 직업연구센터)

뜨인돌어린이

작가의 말

 글로벌 리더를 꿈꾸세요!

　지금 세계는 하루가 다르게 변하고 있습니다. 과거와는 비교할 수 없을 정도로 엄청나게 빠른 속도로 변하고 있지요. 국제사회가 서로 가까워지면서 국경의 의미가 사라지고, 하나의 민족국가라는 개념도 사라지고 있습니다. 이걸 세계화 또는 전 지구화, 글로벌화라고 합니다. 이런 가운데 국가와 기업들 간의 경쟁은 점점 더 치열해지고 있습니다.
　21세기 미래의 세계 시민으로 성장할 어린이 여러분! 앞으로는 여러분의 눈을 우리나라가 아닌, 세계로 돌려야 합니다. 여러분의 꿈을 세계에서 펼쳐야 합니다. 세계를 무대로 활동한다면, 우리나라에서보다 훨씬 많은 기회가 열릴 것입니다.
　미래의 대한민국을 열어 갈 리더는 당연히 글로벌 리더입니다. 따라서 여러분도 국제적인 인재로 성장해야 합니다.
　글로벌 경쟁 사회에서 성공하기 위해 가장 중요한 것은 무엇일까요? 외국인들과 경쟁해서 성공하려면 무엇을 갖춰야 할까요?
　외국인들과 원활한 의사소통을 하기 위해 영어 실력은 당연히 갖춰야겠지요. 그러나 그보다 앞서 남과는 다른 생각, 새로운 생각을 할 줄 알아야 합니다. 글로벌 리더가 되려면 전 세계를 한눈에 볼 수 있는 국

제적인 감각을 갖고, 새로운 경험을 쌓아야 합니다.

이 책에서는 대한민국을 대표하는 글로벌 리더들을 소개하고 있습니다. 또한 여러분이 국제무대로 진출해서 글로벌 리더가 될 수 있는 방법들도 알려 주고 있습니다.

국제공무원, 외교관, 특파원, 국제 의사, 국제 축구 심판, 국제 NGO 활동가 등 여러분이 꿈꾸는 다양한 직업들을 만나 보세요.

글로벌 리더가 되고 싶다면 더 큰 비전을 갖고 자신의 꿈을 국제무대로 뻗치세요. 그리고 그것을 달성하려는 용기와 도전 정신을 가지세요. 이 책은 여러분이 꿈에 한층 더 다가갈 수 있는 사다리가 되어 줄 것입니다.

서지원

차례

8 국제공무원
- 국제공무원에 대해 알고 싶어요
- 만나고 싶었어요
  유엔 사무총장 반기문
- 국제공무원 어떻게 준비할까?

20 국제 축구 심판
- 국제 축구 심판에 대해 알고 싶어요
- 만나고 싶었어요
  대한민국 첫 여성 국제 축구 심판 임은주
- 국제 축구 심판 어떻게 준비할까?

32 외교관
- 외교관에 대해 알고 싶어요
- 만나고 싶었어요
  전 튀니지 대사 김경임
- 외교관 어떻게 준비할까?

44 특파원
- 특파원에 대해 알고 싶어요
- 만나고 싶었어요
  전쟁터로 간 이진숙 기자
- 특파원 어떻게 준비할까?

56 국제 NGO 활동가
- 국제 NGO 활동가에 대해 알고 싶어요
- 만나고 싶었어요
  홍보맨에서 NGO맨으로 한비야
- 국제 NGO 활동가 어떻게 준비할까?

68 게임 그래픽 디자이너
- 게임 그래픽 디자이너에 대해 알고 싶어요
- 만나고 싶었어요
  미국 게임 회사 캐릭터 팀장 제니 류
- 게임 그래픽 디자이너 어떻게 준비할까?

80 국제회의 전문가
- 국제회의 전문가에 대해 알고 싶어요
- 만나고 싶었어요
  G20정상회담은 이 손 안에 이혜진
- 국제회의 전문가 어떻게 준비할까?

92 국제선 항공기 승무원
- 국제선 항공기 승무원에 대해 알고 싶어요
- 만나고 싶었어요
  에미레이트 항공 스튜어드 최경순
- 국제선 항공기 승무원 어떻게 준비할까?

104 국제 의사
- 국제 의사에 대해 알고 싶어요
- 만나고 싶었어요
  뉴욕에서 의사하기 고수민
- 국제 의사 어떻게 준비할까?

116 호텔리어
- 호텔리어에 대해 알고 싶어요
- 만나고 싶었어요
  버즈알아랍호텔 수석총괄 조리장
  에드워드 권
- 호텔리어 어떻게 준비할까?

128 세계적인 과학자
- 세계적인 과학자에 대해 알고 싶어요
- 만나고 싶었어요
  미국항공우주국 신재원 박사
- 세계적인 과학자 어떻게 준비할까?

140 그 밖의 유망한 직업들
자동차 디자이너
국제 방송인
IT 전문가

국제공무원이란 유엔 같은 국제기구에서 일하는 직원을 말해.
유엔 밑에는 유네스코(UNESCO), 세계보건기구(WHO),
세계무역기구(WTO) 등 여러 개의 분야별 전문기구들이 있어.
나의 꿈은 반기문 유엔 사무총장님처럼 세계인의 평화를 위해 일하는 것!
나와 함께 국제공무원에 도전해 보자!

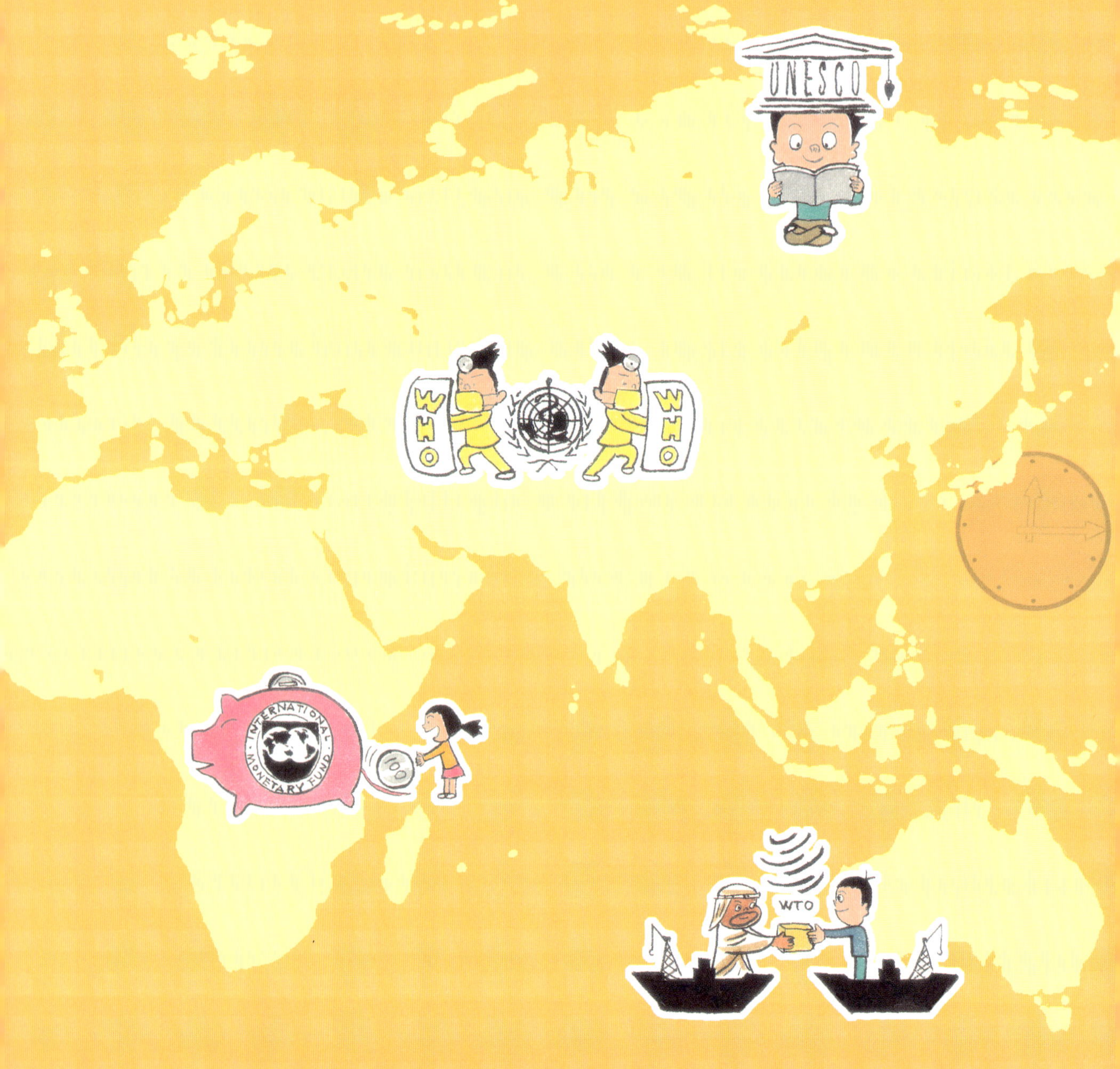

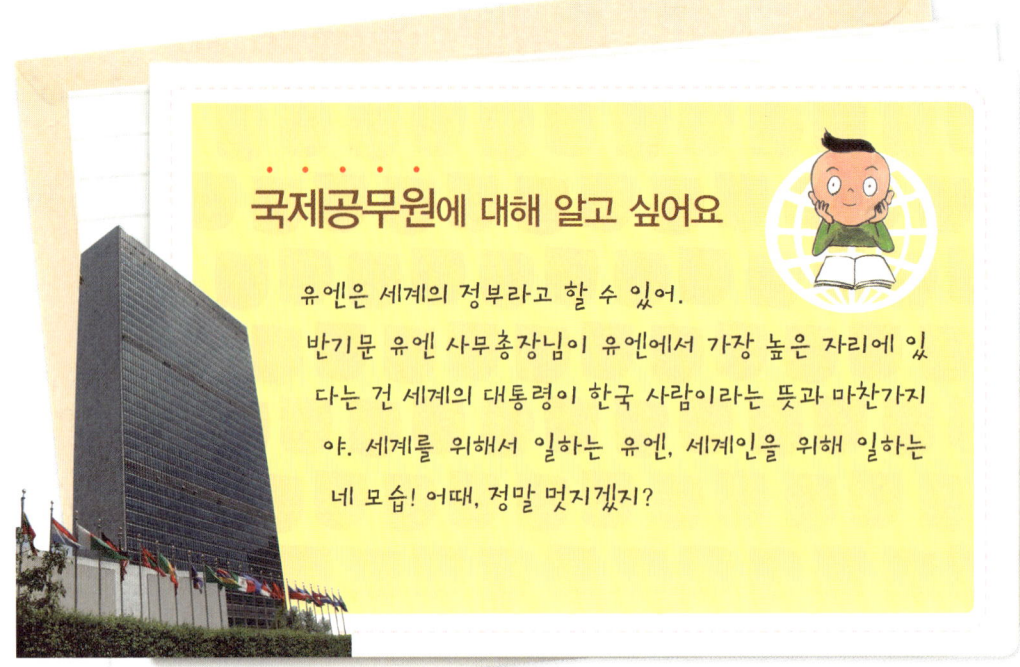

• 유엔은 무슨 일을 하는 곳인가요?

유엔(UN)은 United Nations의 약자로 세계 국가들의 모임을 뜻한단다. 제2차 세계대전이 끝난 후 연합국으로 참여했던 나라들은 이후에도 세계 평화를 위해 계속 협조하기로 약속하고 조합을 만들었어.

이렇게 탄생된 유엔은 처음에는 세계 평화를 지키는 것이 가장 중요한 목적이었지. 하지만 점차 경제, 사회, 문화 등 여러 방면으로 그 범위를 넓혔어. 지금은 세계인이 함께 관심을 가져야 할 모든 방면에서 국제 협력을 이끌고 있단다.

유엔이 하는 일은 크게 세 가지로 나눌 수 있어. 국제 평화를 유지하기 위한 각종 활동, 회원 나라들의 군대 관련 비용 줄이기, 그리고 회원국들의 협력이 필요한 여러 가지 활동 지원하기 등이야. 이렇게 다양하고 많은 일을 처리하기 위해서 유엔은 각 분야별로 전문 조직을 가지고 있어.

주요 유엔 전문기구들

유엔 밑에는 총회와 안전보장이사회를 포함하는 주요기구 6개와 18개의 분야별 전문기구, 여러 개의 보조기구들이 있단다.

국제연합교육과학문화기구
세계유산보호, 교육과 과학에 기여하는 활동을 해.

국제통화기금
공동 기금으로 운영되는 국제 금융 기구야.

세계보건기구
세계의 모든 사람들이 건강할 수 있도록 전염병 대책을 세우고 공중 보건 관련 활동을 해.

국제연합식량농업기구
세계 농업 발전과 식량이 부족한 개발도상국들을 도와.

세계무역기구
국가 간 경제 분쟁을 조정하고 세계 무역 질서를 세우는 일을 해.

• **국제공무원이 되면 어떤 일을 하나요?**

유엔이나 국제기구에서 근무하는 사람들은 경력과 업무에 따라 여러 직급으로 나뉜단다.

필드 전문가는 국제기구에서 새로운 일을 진행할 때 일정 기간 동안 국제기구 직원으로써 그 일에 참여하는 전문가를 말해. 대부분 개발도상국 등에 기술 원조를 할 때 짧게는 3개월에서 길게는 3년까지 해당 지역에 파견하지. 그래서 필드 전문가는 해당 분야에 대한 지식과 경험을 반드시 갖춰야 한단다.

전문 직원이나 필드 전문가는 필요한 분야의 전문가들을 세계 여러 곳에서 채용하는 데 반해, 비서, 운전수 등 일상적인 업무를 담당하는 일반직 직원은 대개 해당 근무지에 살고 있는 사람들을 중심으로 채용하곤 해.

유엔의 조직 구성

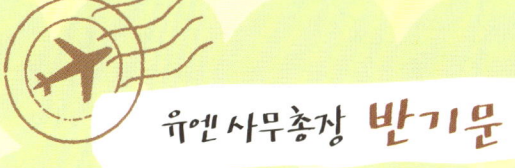 유엔 사무총장 **반기문**

나에 관해서는 뉴스나 신문을 통해 많이들 알고 있지? 유엔 사무총장은 유엔을 이끌어 가는 직책으로 유엔 기구에서 가장 높은 자리라고 할 수 있어. 유엔의 수장을 맡고 있는 사람이 한국 사람이라니 자랑스럽지?

난 어렸을 때부터 외교관이 되기를 꿈꿨단다. 그래서 영어 공부를 아주 열심히 했지. 결국 난 그 꿈을 이뤘고, 인도를 비롯해 미국, 오스트리아 등 여러 나라에서 외교관으로 활동했어.

그렇게 37년을 국제무대에서 일하면서 각국의 주요 인물들과 서로 신뢰할 수 있는 좋은 관계를 만들게 되었지. 그러다 2006년 제8대 유엔 사무총장으로 선출되었어.

국제기구 특히 유엔에서 일하려면 어떤 한 나라의 이익에 치우치지 않고 세계 평화를 위해 노력해야 해.

"가슴은 한국에 두지만 시야는 세계에 두자!"

내가 자주 하는 말이야. 이 책을 읽는 어린이 친구들도 세계를 바라보는 넓은 시야를 갖고 세계인들과 나란히 살아가는 멋진 사람으로 자라렴!

국제공무원, 어떻게 준비할까?

★ **책임감이 강한 어린이** : 새로운 일에 용기를 갖고 도전하며, 그 일을 책임감 있게 완수할 수 있어야 해요.

★ **체계적인 어린이** : 질서 정연하고 체계적인 일을 좋아하며, 사무·계산 능력을 갖고 있어야 해요.

★ **성취욕이 강한 어린이** : 목표를 반드시 이루겠다는 마음을 갖고 끈기 있게 노력할 수 있어야 해요.

• 유엔에서는 어떻게 사람들을 뽑나요?

유엔은 나라들의 연합체라서 필요한 경비를 여러 나라에서 나누어 내는 유엔 분담금을 운용하고 있어. 그리고 분담금을 많이 낸 나라일수록 더 많은 자국민을 유엔 공무원으로 채용시킬 수 있단다.

2010년 기준 한국이 내는 유엔 분담금은 4,800만 달러로 세계 11위이다.

국가별 유엔 분담금 비율

우리나라는 2001년 이후 유엔 분담금이 올라갔는데 유엔에서 일하는 사람은 적어. 예전에는 매년 국가별 경쟁시험(NCRE)을 거쳐 사람을 뽑았어. 그런데 2011년부터는 YPP로 뽑는다고 해. YPP에 대해서는 아래에 설명해 놓았어.

• 유엔 전문 직원이 되고 싶어요!

유엔의 정식 전문 직원이 되는 것은 사실 그렇게 쉬운 일은 아니야. 세계 공용어인 영어나 프랑스어 중 하나는 반드시 잘해야 하고, 전문적인 업무 영역도 갖고 있어야 하니까 말이야. 하지만 잘 찾아보면 너의 꿈에 도달할 수 있는 사다리를 쉽게 찾을 수 있을거야.

YPP	YPP(Young Professional Program)는 유엔에서 직접 운영하는 젊은 전문가 프로그램이야. JPO처럼 아직 경험이 많지 않은 젊은이를 대상으로 하지. JPO와는 달리 유엔에서 모든 비용을 지원한단다.
JPO	JPO(Junior Professional Officer)는 국제기구 초급 전문가 과정으로, 우리나라가 비용을 부담해서 유엔이나 국제기구에 수습 직원을 파견하는 제도야. JPO로 선발되었던 사람은 나중에 훨씬 수월하게 국제기구에 들어갈 수 있단다.
인턴십	유엔이나 국제기구에서는 대학생이나 대학을 갓 졸업한 사람들을 대상으로 인턴십 과정을 운영하고 있어. 보통 2~3개월의 짧은 기간이지만 큰 경험이 될 거야.

이곳에 가면 정보를 구할 수 있어요!

- 외교통상부의 국제기구 채용 정보 사이트 www.mofat.go.kr/unrecruit
- 유엔 사무국 인턴십 안내 사이트 www.un.org/Depts/OHRM/sds/internsh
- 각종 국제기구 인턴십 소개(Youth and the United Nations) www.un.org/youth

전 세계인들을 열광하게 하는 지구촌 축제, 월드컵!
난 국제 시합을 보면서 선수들과 함께 뛰며 반칙을 하는 선수들에게
옐로카드를 시원하게 날리는 축구 심판을 동경하게 됐어.
국제 축구 심판 역시 축구 선수 못지않게 체력이 좋아야 한다는 사실, 알고 있니?
체력 테스트가 두렵지 않은 강철 심장을 가진 친구들아!
우리 함께 국제 축구 심판의 세계를 알아보자.

국제 축구 심판에 대해 알고 싶어요

위대한 인물들은 어렸을 때부터 큰 꿈을 가졌어. 꿈이 커야 성취하고자 하는 마음도 커지지. 월드컵과 같은 국제 경기에서 선수들과 함께 경기장을 누비며 공정한 경기를 위해 뛰는 국제 축구 심판! 앞으로 너희는 한국인이 아니라, 세계인으로 성공해야 해. 국경을 넘나들며 세계인들과 어울려 사는 꿈을 키워 보렴.

• 국제 축구 심판은 어떤 일을 하나요?

축구 심판에는 세 종류가 있어. 축구장 안에서 선수들과 함께 뛰어다니며 정해진 규칙대로 경기를 진행하는 주심과 사이드라인(터치라인) 밖에서

오프사이드와 코너킥 등을 판정하고 선수들의 반칙을 잡아내는 부심이 있지. 또 축구장 밖에서 경기를 지켜보다가 주심이 부상당하면 대신하는 대기심(判)도 있어.

중요한 국제 시합이 열리면 심판들은 모여서 회의를 하며 규정을 확인해. 또한 경기장을 둘러보고 국제 규격에 맞는지도 검사하지. 경기 중에 체력이 떨어지면 안 되니까 매일 체력을 단련하고, 정확하고 올바른 판정을 위해 훈련도 받아.

그뿐만이 아니야. 시합 전에 녹화된 영상을 보면서 여러 나라 선수들의 경기 성향을 미리 파악해. 그리고 시합이 끝나면 모여서 녹화된 경기를 다시 보며 혹시나 잘못된 판정이 있지는 않았는지 확인하지. 이렇게 경기를 분석하고 토론해서 결론을 내리면 심판의 일정은 끝나는 거야.

• 국제 축구 심판은 어디에서 활동하나요?

국제 축구 심판 자격증을 가졌다고 국제 경기에서만 심판으로 활동하는 것은 아니야. 국제 대회뿐 아니라, 국내의 모든 축구 대회에서도 심판으로 활동할 수 있어.

평상시에는 국내의 경기 심판 배정 일정대로 활동하다가 국제 경기에 심판으로 뛰어 달라고 요청이 오면, 그때 외국으로 나가지. 국제 축구 경기의 심판은 짧게는 하루, 길게는 한 달이 넘게 걸릴 때도 있어.

국제 축구 심판이 활동하는 곳은 주로 AFC(아시아축구연맹)아시안컵, AFC 챔피언스리그, AFC청소년축구선수권대회, 각종 A매치 등의 경기야. 그리고 경험을 많이 쌓고, 실력을 인정받으면 피파(FIFA 국제축구연맹)에서 주관하는 월드컵, 컨페더레이션스컵, 세계청소년축구선수권대회 같은 세계적인 축구 대회에서 심판으로 활동할 수 있어.

• **국제 축구 심판으로 활동할 때 주의할 점은 무엇인가요?**

 축구 심판 역시 선수들 못지않게 체력이 좋아야 해. 왜냐하면 축구 선수들과 함께 경기장을 종횡무진 뛰면서 반칙을 잡아내야 하기 때문이야.

 그래서 월드컵, 컨페더레이션스컵 같은 세계적인 경기는 심판으로 추천받았다고 하더라도 체력 테스트를 거쳐야 하지.

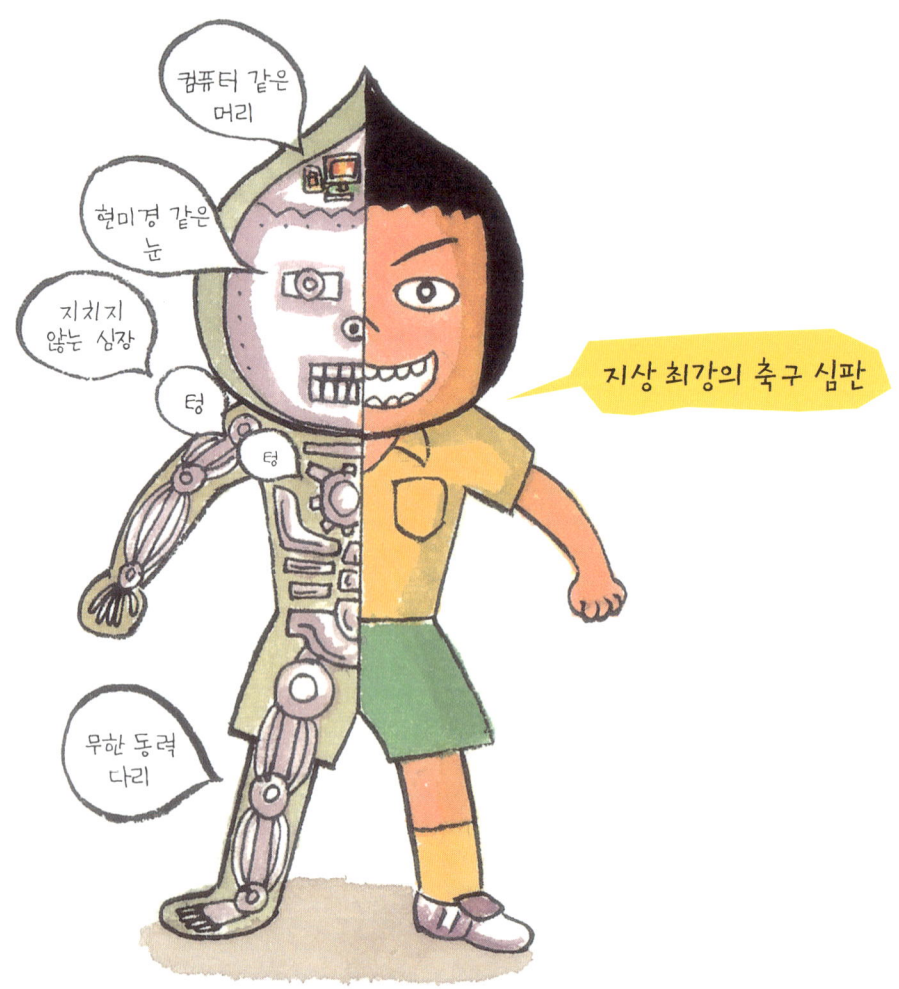

 테스트에 합격하면 그때부터는 스케줄 조절을 잘해 놓고 체력을 튼튼하게 관리해야 해. 언제 어떤 시합에 심판으로 뽑힐지 모르기 때문이야.

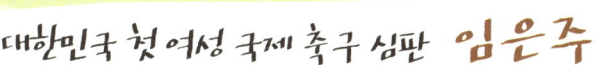
대한민국 첫 여성 국제 축구 심판 임은주
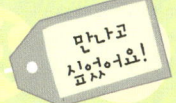

난 대한민국에서 여성으로는 처음으로 국제 축구 심판이 되었단다. 어릴 때부터 체육을 잘해서 중학교 때에는 100미터를 12.4초에 뛰었지. 그때 꿈은 육상 선수가 되어 올림픽에서 금메달을 따는 거였어.

학창 시절 나는 다양한 운동을 했어. 초등학교 때는 육상, 중학교 때는 배구, 고등학교와 대학교 때는 하키, 대학원 때는 국가대표 축구 선수를 했단다.

국제 축구 심판으로 활약하는 건 화려한 겉모습과 달리 참 어렵단다.

난 각오를 단단히 하고 체력 단련도 남자보다 더 열심히 했어. 경기 때도 최선을 다해 뛰었지.

한번은 한여름에 경기를 다 뛰고 기절한 적도 있었어. 후반전에 체력이 다해 한 발자국도 내디딜 수 없을 만큼 힘이 들었어. 목소리도 들렸다, 안 들렸다 했고……. 그래도 온 힘을 다해 경기를 끝냈지. 그리고 경기가 끝나자마자 안도감과 함께 그대로 쓰러졌어. 그만큼 심판에게도 시합은 선수만큼이나 힘이 든단다.

끈기와 노력의 보답으로 국제축구연맹에서 여성인 나를 세계 최초로 남자 대회에 감독으로 배정했어. 여성으로서 고정 관념을 깨고 세계적인 축구 경기에서 감독으로 뛰었기에 더욱 뜻깊어.

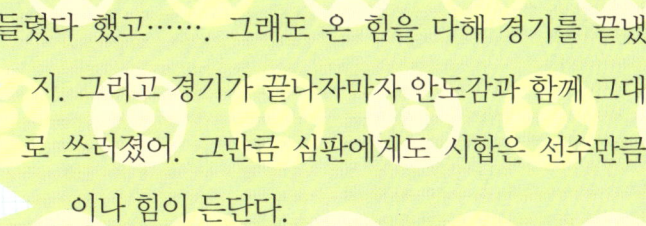

국제 축구 심판, 어떻게 준비할까?

★ **정직한 어린이** : 어떤 상황에서도 거짓말을 하지 않고 정직해야 해요.
★ **리더십이 강한 어린이** : 다른 사람들에게 자신의 의견을 제시하고, 그 의견에 따를 수 있도록 설득할 수 있어야 해요.
★ **신뢰성을 가진 어린이** : 자신이 맡은 업무를 완벽하게 끝내 다른 사람들에게 신뢰감을 줄 수 있어야 해요.

• 국제 축구 심판이 되는 과정을 알고 싶어요

국제 축구 심판이 되려면 먼저 국내 축구 심판이 되어야 해. 축구를 좋아하고, 체력이 뒷받침된다면 누구나 심판 자격에 도전할 수 있어.

선수로 활동한 경력이 있거나, 대한축구협회에서 해마다 개최하는 심판 강습회에 참가하여 합격하면 3급 심판 자격을 가질 수 있어. 3급 심판 자격이면 초등부 시합의 주심이나 중등부 시합의 부심으로 활동할 수 있지.

그렇게 2년 이상 경력을 쌓으면 2급 심판 시험을 볼 수 있어. 2급 심판은 중등부 시합의 주심 및 고등부 시합의 부심으로 활동할 수 있어.

그리고 다시 2년 동안 심판으로 활동한 뒤 1급 심판 시험을 볼 수 있어. 여기서 합격하면 대학 대회 이상의 실업축구(N리그)와 한국프로축구(K리그) 시합에서 심판으로 활동할 수 있단다.

• 국제 축구 심판은 어떤 시험을 통과해야 하나요?

프로 축구 심판으로 2년 이상 활동하면 피파에서 주관하는 국제 축구 심판 시험을 볼 수 있어. 이 시험에서는 축구 규칙, 체력 테스트, 영어 능력을 평가해. 이 모든 시험에 통과해야 국제 축구 심판이 되는 거야.

하지만 국제 축구 심판이 되었다고 해서 평생 동안 국제 경기에서 심판을 할 수 있는 건 아니야. 국제 축구 심판 자격은 1년이기 때문에 그 자격을 계속 유지하려면 매년 체력 테스트를 비롯해 이론 시험과 영어 시험을 봐야 한단다.

외교관은 우리나라를 대표해서 다른 나라와 정치, 문화, 경제적으로 관련된 다양한 문제를 위해 협약을 맺거나 협상을 하지. 학교를 대표하는 학교 회장보다 열 배는 더 어려운 일일 거야. 그러나 나라를 사랑하는 마음과 국제 관계에 대한 열린 시각을 갖춘다면 훌륭한 외교관이 될 수 있을 거야. 대한민국을 대표하는 외교관, 우리도 할 수 있어!

외교관에 대해 알고 싶어요

외교관은 대한민국을 대표하는 직업이라고 할 수 있어. 물론 우리나라를 대표하는 것은 대한민국 정부와 대통령이야. 하지만 이들을 대신해 여러 나라에서 활동하는 사람들이 외교관이니 우리나라를 대표한다고 할 수 있지. 그럼 외교관들은 어떤 일을 하고, 어느 나라에 파견을 나가 있는지 좀 더 자세하게 알아볼까?

외교관이 하는 일을 이 외교맨이 알려 주지!

• 외교관은 어떤 일을 하나요?

가장 중요한 임무는 우리나라 정부를 대신해서 다른 나라와 정치·문화·경제적으로 관련된 다양한 문제를 위해 협약을 맺는 거야. 또한 파견된 나라의 상황을 우리 정부에 보고하는 것도 중요한 업무 중 하나지. 그렇다고 스파이나 첩보원으로 착각하지는 말아 줘. 우리나라가 그 나라와 좋은 관계를 갖기 위해 필요한 사항들을 미리 점검하는 것이라고 보면 돼.

요즘은 해외여행이나 이민을 가는 우리 국민이 많아졌기 때문에 이들을 보호하는 일이 중요한 업무로 떠오르고 있어.

예를 들어 중동에서 전쟁이 일어날 경우, 그곳에 있는 우리 국민들을 신속히 대피시키고, 부당한 대우를 받고 있으면 그 나라에 항의해서 개선시키는 일들을 하지.

• **외교관은 외국에서만 일하나요?**

　외교관이라고 해서 무조건 해외에서 일하는 것은 아니란다. 외교관은 외교통상부의 공무원들이고, 외교통상부는 우리나라와 다른 나라가 연관되는 각종 업무들을 맡고 있는 정부의 한 부서라고 보면 돼.

　외교통상부의 여러 부서 중 재외 공관에 속해 있는 사람들을 제외하고,

다른 부서는 대부분 국내에서 활동해. 재외 공관에서 근무하는 외교관은 파견된 나라에 정부의 의견을 전달하고, 현지에서 필요한 여러 가지 지원 업무를 담당하지.

재외 공관에 있다가도 임기가 끝나면 근무지를 바꾸어 다른 나라에 파견되기도 하고, 외교통상부로 복귀해서 근무하기도 한단다.

• **우리나라 외교관이 파견된 나라는 어디 어디인가요?**

우리나라는 현재 세계 192개 나라 중 188개 나라와 수교를 맺고 있어. 마케도니아, 시리아, 코소보, 쿠바 4개 나라와는 아직 수교를 맺지 못했어.

대부분의 나라에는 대사관이 있는데 아주 적은 수의 국민이 이민을 가 있다거나, 수교는 했지만 관계가 좋지 못한 나라에는 대사관이 없는 경우도 있어. 그런 곳에는 분관이나 출장소, 대표부를 설치하기도 하지.

예를 들어 중국과 대만, 두 나라와 모두 수교를 했지만 우리와 긴밀한 관계에 있는 중국에는 대사관이, 대만에는 대표부가 있거든. 또 어떤 나라에는 대사관 외에 주요 도시마다 영사관을 설치하기도 해. 교민이 많이 산다거나 여행객이 많이 찾는 곳은 그만큼 우리 정부에서 지원해야 할 업무가 많기 때문이지.

2010년 11월 기준, 세계에는 109개의 대한민국 대사관이 설치되어 있어. 이와 함께 42개의 영사관과 4개의 대표부까지 모두 155개의 재외 공관이 설치되어 있단다.

내 발이 안 닿는 곳이 거의 없지.

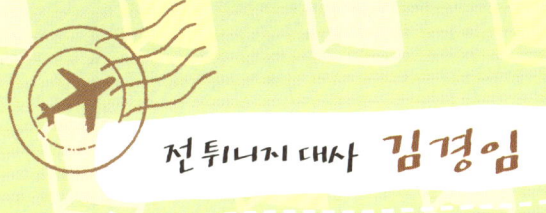 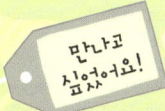

외교관은 남성의 직업이라고 여겨졌던 30여 년 전, 난 그 편견을 깨고 1978년 외무고시에 여성 최초로 합격했어.

난 서울대학교 미학과를 졸업하고, 일본 게이오대학과 미국 오하이오주립대학에서 유학했어. 그 후 1978년부터 2007년까지 30년에 가까운 세월을 외교관으로 활동했지.

도쿄, 뉴욕, 파리(유네스코), 뉴델리, 브뤼셀 등 세계 각국에서 외교관 생활을 했으며, 주 튀니지 대사로도 일했어.

외교관은 정치나 경제 쪽 일만 하는 게 아니라 우리나라의 권익을 위한 다양한 일을 해. 난 우리나라에 몇 안 되는 문화 전문 외교관으로 이름이 높아. 특히 외교통상부 문화외교국장으로 일할 때 외국에서 약탈해 간 우리 문화재를 되찾아 오려는 활동을 사명을 갖고 열심히 했지.

1994년 파리 유네스코 주재 한국 대표부에 근무할 때였어. 국제사회가 문화재 반환 문제로 치열한 외교 전쟁을 치르는 것을 보았지. 그때부터 우리나라 문화재 반환 운동을 해야겠다고 결심했어. 그래서 그때의 경험과 자료를 바탕으로 문화재 약탈사를 다룬 책을 쓰기도 했지.

지금은 외교관 자리에서 은퇴했지만, 난 계속해서 문화재 반환 문제에 대한 강의를 하며 활동하고 있단다.

외교관, 어떻게 준비할까?

★ **애국심이 강한 어린이** : 나라 발전에 도움이 되겠다는 마음을 가져야 해요.

★ **신뢰성을 가진 어린이** : 자신이 맡은 업무를 완벽하게 끝내 다른 사람들에게 신뢰감을 줄 수 있어야 해요.

★ **협조적인 어린이** : 다른 사람들과 즐거운 관계를 가지면서 서로 도울 수 있어야 해요.

• 국립외교원은 어떤 곳인가요?

외교관이 되려면 외무고시를 봐서 합격해야 해. 그런데 민정이가 커서 외교관이 될 때는 방법이 바뀐다고 하는구나.

지금까지는 외무고시를 봐서 외교관을 선발해 왔지만, 여러 가지 문제점이 지적되었어. 외교관은 단순하게 시험 점수로 뽑는 직업이어서는 안 된다는 거야.

그래서 2013년부터는 외무고시 대신 공개경쟁시험을 1차로 치를

거래. 그리고 거기서 합격한 사람들을 국립외교원에서 1년 동안 교육시킨 뒤 외교관으로서 필요한 여러 자질을 기르게 해 좀 더 전문화된 외교관을 배출하겠다는 거야.

국립외교원에 들어가려면 외국어, 국제 사회에 대한 기본 과목, 에세이 등의 시험을 봐야 해. 2013년 처음 시행될 예정이어서 아직 구체적인 방법이 정해진 것은 아니야.

• **외국어, 무엇을 얼마만큼 공부해야 할까요?**

영어는 세계 여러 나라에서 널리 쓰이기 때문에 아주 중요해. 우리나라를 대표하는 외교관이라면 공식적인 자리나 비공식적인 자리에서 통역관 없이 말할 수 있어야 하니까, 영어를 아주 잘해야 해.

또한 영어와 함께 제2외국어의 중요성이 커지고 있어. 유럽 지역 대사관으로 파견되길 원한다면 프랑스어를, 남미 지역이라면 스페인어를 공부해 두는 게 좋아. 세계적으로 많이 사용되는 제2외국어로는 아랍어, 러시아어, 스페인어, 일본어, 중국어, 프랑스어, 독일어 등을 꼽을 수 있어. 이들 언어를 잘한다면 외교관으로 선발될 때 가산점을 받을 수 있단다.

이곳에 가면 정보를 구할 수 있어요!

- 외교통상부 홈페이지 www.mofat.go.kr
- 외교통상부 청소년 홈페이지 www.mofat.go.kr/young
- 행정안전부 국가고시 센터 www.gosi.go.kr

※ 외교관이 꿈인 친구들을 위해 외교통상부에서는 한 달에 한 번씩 외교관들이 일하는 곳을 직접 방문해 볼 수 있는 견학 프로그램을 운영하고 있어. 견학일 한 달 전에 이메일(visit@mofat.go.kr)로 신청해 봐. 초등학교 5학년 이상부터 신청 가능해.

지구촌에 문제가 생길 때마다 가장 먼저 달려가서
전 세계에 사실을 보도하는 특파원이 되고 싶니?
특파원은 월드컵, 올림픽 등 세계적인 축제뿐 아니라 이라크 전쟁,
아이티 지진, 이집트 사태 등 전쟁과 재난을 취재하기도 해.
발 빠른 소식, 생생한 보도를 전하는 특파원이 되기 위해서는
어떻게 해야 하는지 알아보자.

특파원에 대해 알고 싶어요

통신과 교통이 발달하면서 세상은 점점 하나의 나라처럼 긴밀해지고 있어. 사람들이 알고 싶어하는 것도 그만큼 많아지고 다양해졌지. 학급 신문을 담당하고 있는 미림이는 10년 후 아프리카나 터키 같은 곳에서 그곳의 생생한 모습을 사람들에게 전하고 싶다는구나. 이제 미림이가 알고 싶어하는 특파원의 세계로 들어가 볼까?

• 특파원은 방송국에만 있나요?

미림이는 텔레비전 뉴스에서 "○○○ 특파원입니다" 하고 말하는 기자를 본 모양이구나. 특파원은 멀리 떨어진 곳에서 필요한 내용을 취재해 보도하는 기자를 말해. 본국에서 다른 곳으로 파견된 기자라는 의미지.

텔레비전 방송은 물론이고 신문이나 인터넷 신문, 인터넷 방송국 같은 다양한 매체에서 특파원을 파견한단다. 또 외국뿐 아니라, 지방에서 취재하는 보도 기자들도 특파원이라고 해. 외국에서 기사를 보내오는 기자를 해외 특파원이라고 하지.

• **특파원과 통신원은 어떻게 다른가요?**

특파원이나 통신원 모두 파견하는 매체로부터 멀리 떨어진 곳에서 소식을 전달해 주는 역할을 하는 사람들이야. 특파원은 방송국이나 신문사에서 직접 파견한 기자들이야. 하지만 통신원들은 현지에서 생활하는 사람들 중에서 선발하는 경우가 많단다.

특파원들이 보내오는 내용은 기사 중심의 사실이 많은 편이야. 통신원들은

이라크 전쟁 현장
특파원은 전쟁터에도 파견되어 뉴스를 전한다.

뉴스로 잘 접할 수 없는 내용이나 흥미 있는 사건, 축제 등을 알려 온단다. 현지인들이 보도하기 때문에 생생한 정보들이 많은 반면에 통신원의 생각에 의해 정보가 선별되지. 유학생이나 현지 교포, 또는 현지에 파견되어 있는 해당 분야의 전문가들이 주로 통신원으로 활동한단다.

• **특파원은 언제나 멋진 곳만 가는 걸까요?**

런던이나 뉴욕의 거리에서 바바리코트를 입고 마이크를 멋지게 들고 있는 모습을 상상한다면 그건 특파원에 대해 크게 오해한 거야. 기자는 사건이 일어나거나 중요한 정보가 있는 곳이면 어디든 취재를 가야 한단다. 만약 아프리카에서 내전이 일어났다면 아프리카로, 페루의 한 바닷가에서

유전이 발견됐다면 페루 바닷가로 취재를 가야 하는 거야.

취재해야 할 내용이 많은 나라에는 특파원이 아예 그곳에 살면서 취재를 해. 이들을 상주 특파원이라고 해. 때로는 중요한 사건이 일어났다거나 올림픽 등의 특별 행사가 있을 경우에는 필요한 기간만 특파원을 파견하기도 하지.

상주 특파원이 있는 나라는 그렇게 많지 않아. 미국이나 영국, 프랑스 등 다양한 뉴스와 정보를 취재할 수 있는 곳에만 상주 특파원이 존재한단다.

특파원은 우리나라 국민들에게 사실을 알리고 정보를 전달해야 한다는 사명감이 필요한 직업이야. 그런 사명감 없이 텔레비전에 나오는 멋진 특파원의 모습만 상상하고 해외에 나간다면 미림이는 아마 한 달도 못 버티고 한국으로 돌아오게 될걸?

전쟁터로 간 이진숙 기자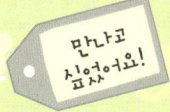

난 대학에서 영어교육학을 전공했어. 내가 처음부터 기자로 일했던 건 아니야. 교사가 되어 아이들을 가르치다가 진로를 바꿔 MBC에 기자로 입사했지. 이후 사회부, 문화과학부, 국제부 등 여러 분야의 기자로 활동했어.

내가 기자로서 유명해진 건 위험을 무릅쓰고 걸프 전쟁과 이라크 전쟁 등 세계의 전쟁터를 직접 취재하고 돌아다녔기 때문이야.

미국에서 외교학과 중동학을 공부할 때였어. 이라크에서 전쟁이 나자, 방송국에서는 중동에 관해 공부한 나를 바그다드에 특파원으로 파견했지.

전쟁터를 취재해서 보도하는 기자를 종군 기자라고 하는데, 난 이라크 전에 종군 기자로 참여하게 된 거란다. 그러나 난 이미 그 전에도 걸프 전쟁을 취재했었지. 그 때문에 우리나라 최초의 종군 여기자라는 근사한 별칭이 생겼어.

전쟁을 취재한다는 것은 쉬운 일이 아니야. 목숨을 건 위험한 일이기 때문이지. 어떤 위험한 상황 속에서도 국민들에게 사실을 전달해야겠다는 투철한 기자 정신이 있었기에 가능했던 일이란다.

특파원, 어떻게 준비할까?

★ **통제력이 있는 어린이** : 힘든 상황에서도 화를 내거나 공격적으로 행동하지 않고, 마음의 안정을 유지할 수 있어야 해요.

★ **적응력이 뛰어난 어린이** : 변화에 잘 적응하고, 다양한 사람들에게 마음을 열고 다가갈 수 있어야 해요.

★ **인내심이 강한 어린이** : 어려운 일이 있어도 포기하지 않고 끝까지 견딜 수 있어야 해요.

• 특파원이 되려면 어떤 학문을 공부해야 하나요?

방송국이나 신문사에서 기자로 일하려면 대학에서 신문방송학을 공부해야 한다고 생각하지만, 기자를 뽑을 때 관련 분야의 전공이 필요한 것은 아니란다. 공식적으로는 대학교를 나오지 않아도 지원이 가능하거든.

그것보다 사회에 대한 이해와 판단력, 그리고 자신의 의견을 정확하게 표현해 낼 수 있는 능력을 훨씬 중요하게 여기지.

요즘은 특별한 분야의 지식을 갖고 있는 전문 기자를 뽑는 경우도 많단다. 예를 들어 의사 자격증이 있는 사람을 의학 전문 기자로 뽑는 거야.

만약 특별한 분야의 전문 기자가 되고 싶다면 대학교 학과를 선택할 때 그 분야를 선택하는 것도 좋은 방법 중 하나겠지.

- **특파원이 되려면 어떤 시험을 봐야 하나요?**

특파원이 되려면 우선 기자가 되어야 해. 방송국이나 신문사, 통신사 등에서 개별적으로 기자를 뽑으니까, 가고 싶은 언론사에서 사람을 뽑는 공고를 낼 때 지원하면 된단다.

방송국과 신문사는 1년에 한 번 기자들을 뽑는데, 서류 심사, 필기 시험, 작문, 면접 등의 시험 과정을 통과해야 해.

많은 언론사들이 국어와 상식을 기본 시험 과목으로 하고 있어. 영어는 시험을 보는 곳도 있고 토익이나 토플 등 영어인증시험 점수로 대신하기도 해.

기자는 무엇보다 사실을 정확히 전달해야 하기 때문에 작문 시험을 중요하게 생각한단다. 작문을 잘하기 위해서는 다양한 시사 상식과 사회 현상에 대한 이해, 정확한 어휘력 등이 필요하므로 지금부터 많은 책을 꼼꼼히 이해하면서 읽는 습관을 들이는 게 좋아.

마지막 단계로 면접을 보는데, 면접 역시 각종 사회 현상에 대한 자신의 의견을 말로 표현할 수 있어야 해.

깨끗한 물이 없어 죽어 가는 아프리카 친구들을 보며
커서 꼭 국제 구호 기구에서 일해야겠다는 꿈을 갖게 됐어.
그린피스, 월드비전, 유니세프, 국제앰네스티 등 인종과 국경을 초월해
세계 여러 나라 사람들이 모두 행복하기를 꿈꾸는 국제 NGO 단체!
나처럼 환경, 기아, 어린이와 여성의 권리 보호 등에 관심 있는 친구들이라면
국제 NGO 단체에서 일하는 걸 꿈꿔 보렴!

국제 NGO 활동가

국제 NGO 활동가에 대해 알고 싶어요

세계 여러 나라에는 어려움에 처한 지구촌 사람들을 돕는 사람들이 많단다. 그린피스, 유니세프, 국제앰네스티와 같은 국제 NGO 단체들이 바로 그들이지. NGO는 비정부기구라는 뜻의 Non-governmental Organization의 약자야. 민우는 환경을 생각하는 마음을 가졌으니 훌륭한 NGO 활동가가 될 거야.

• NGO에서는 어떤 일을 하나요?

영어로 NGO 하면 낯설지만, 민간 단체라고 하면 익숙할 거야. 지금 세계에는 수백만 개의 NGO 단체들이 활동하고 있어. 이 많은 단체들이 다 무슨 일을 하냐고?

국내에서 활동하는 NGO들은 시민들을 대표해서 정부가 제대로 일을 해 나가는지 감시하기도 하고, 경제 발전에 밀려 도외시되는 환경이나 인권, 소비자 권리 문제 등을 위해 활동하고 있어.

국제 NGO는 환경이나 세계 기아, 어린이와 여성의 권리 보호 등 지구인들이 함께 해결해야 할 문제들

탄소 배출을 줄이기 위해 환경 운동을 하고 있는 그린피스

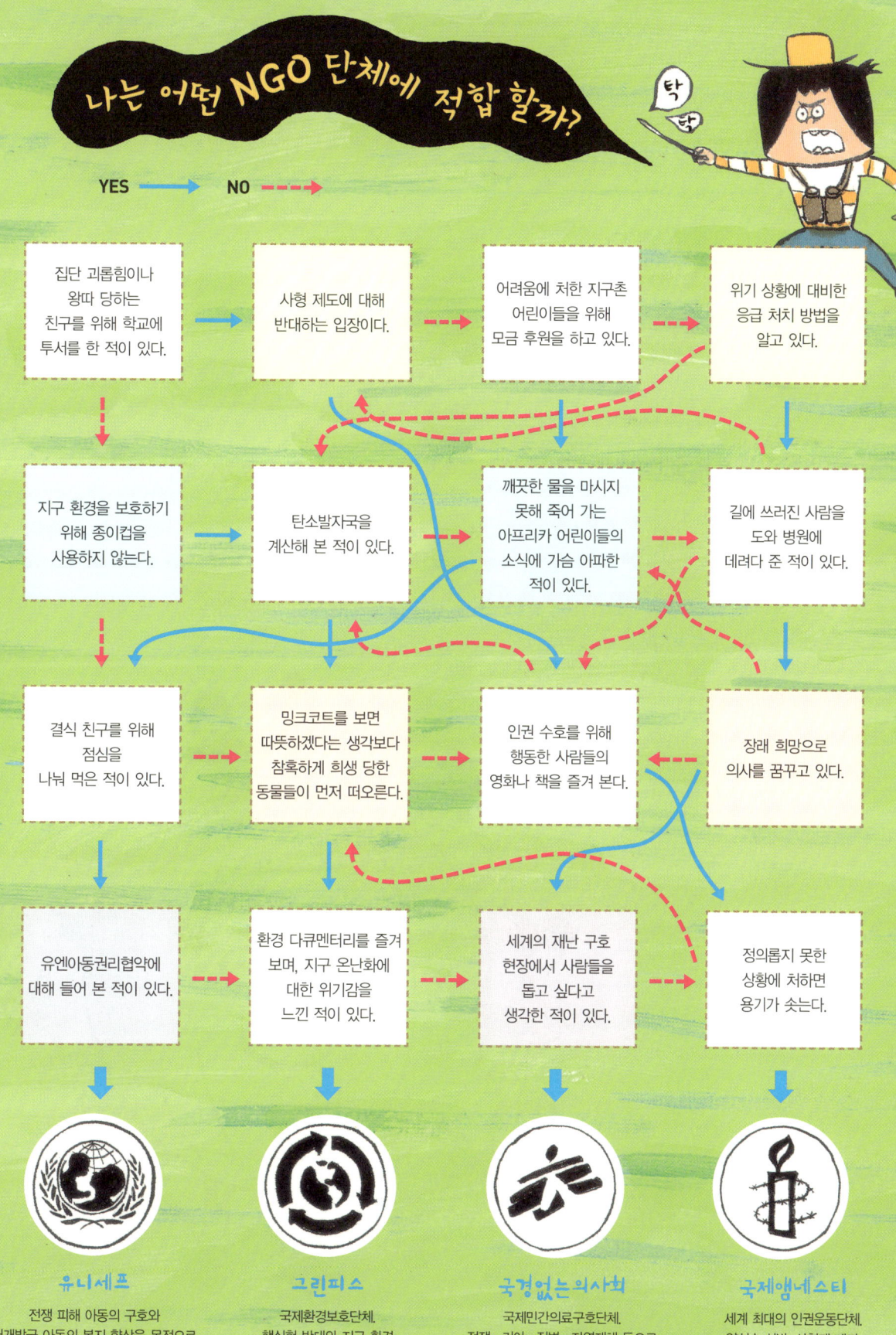

을 풀기 위해 노력하고 있단다. 그린피스, 유니세프, 국제앰네스티, 국경없는의사회 등이 많이 알려진 대표적인 국제 NGO 단체들이라고 할 수 있지.

• NGO에 참여하는 방법에는 '봉사 활동'만 있나요?

NGO에서 일하는 형태는 일반 회사와 몇 가지 부분에서 차이가 있어. 우선 회사원처럼 NGO 직원으로 일할 수도 있고, 전문가로서 NGO가 진행할 프로그램을 개발하기도 해. NGO가 진행하는 일에 적극적으로 찬성하는 사람들은 자원봉사자로 참여하기도 한단다.

NGO 직원은 회사원처럼 월급을 받지만, 자원봉사자들은 봉사 활동을 한 것이기 때문에 돈을 받지 않아. NGO마다 차이가 있지만 해외에 파견될 경우, 그곳에 머물 수 있는 숙소와 업무 진행비 등이 지원되기도 하지.

자원봉사자로 참여하는 사람들 같은 경우 대부분 사명감을 갖고 하기 때문에 돈에 크게 신경 쓰지 않는단다. 대신 자원봉사를 했던 경험이 나중에 유엔 등의 관련 국제기구나 다른 NGO의 사무국 직원으로 지원할 때 도움이 되기도 해.

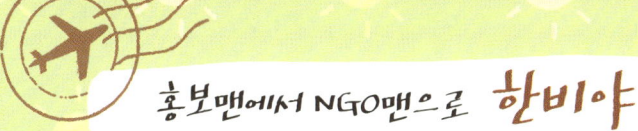 

홍보맨에서 NGO맨으로 한비야

내가 쓴 책 『바람의 딸 걸어서 지구 세 바퀴 반』을 읽어 봤니?

난 그 책에서 잘 알려지지 않은 세계의 오지를 다니면서 그곳의 생활과 문화를 소개했어.

그런데 오지 탐험을 하다 보니 아프리카나 동남아시아 등 개발되지 않은 곳의 아이들을 많이 만나게 되었지. 그곳에서 만난 아이들은 우리가 상상도 할 수 없을 정도로 나쁜 환경에서 생명을 잃기도 하고, 참을 수 없을 정도로 큰 고통을 겪으며 살고 있었어.

그때 본 아이들의 슬픈 눈빛을 잊을 수가 없어서 난 종교 단체에서 운영하는 국제구호개발기구인 월드비전에서 NGO 활동에 참여하게 되었단다. 국제구호개발기구는 전쟁이나 기아, 천재지변 등 여러 가지 이유로 인해서 어렵게 생활하고 있는 세계의 이웃을 돕는 곳이야. 난 긴급구호 팀장을 맡아서 활동했지.

내가 처음부터 이 일을 하려고 꿈을 품었던 건 아니야. 난 원래 외국계 홍보 회사에서 오랫동안 일했었어. 이때 한 경험을 살려서 긴급구호팀의 업무를 외부에 알리는 일을 맡았단다. 이로 인해 많은 사람들이 기부나 자원봉사 등을 통해 국제구호에 동참할 수 있도록 말이야.

나의 도전은 앞으로도 멈추지 않고 계속될 거야! 지켜봐 줘.

국제 NGO 활동가, 어떻게 준비할까?

★ **배려심 많은 어린이** : 다른 사람을 이해하고 도와주는 배려심이 많아야 해요.
★ **진취적인 어린이** : 조직의 목표를 이루기 위해 다른 사람을 잘 설득하고, 이끌 줄 알아야 해요.
★ **이타적인 어린이** : 자신의 이익보다 다른 사람을 위해 봉사할 수 있어야 해요.

• **해외 봉사 활동으로 첫발을 내디뎌요**

많은 국제 NGO 단체들은 본부나 각 나라의 지역 사무국 홈페이지에 공개적으로 사람을 뽑는다고 글을 올려. 국제NGO연합 홈페이지에서도 채용 공고를 확인할 수 있어.

국제 NGO 단체에서는 사람을 뽑을 때, 지원하는 분야에 대해 미리 경험을 갖고 있는 사람을 원하는 경우가 많단다. 그래서 국내 NGO 단체에서

미리 봉사 활동을 경험하는 것은 미래에 국제 NGO 활동가가 되는 꿈을 가진 친구들에게 큰 도움이 되지.

한국국제협력단(KOICA)은 도움이 필요한 개발도상국들을 지원하는 업무를 맡고 있어. 교육을 비롯해 의료, 농촌 개발, 정보통신 지원 등 우리가 도움을 줄 수 있는 분야를 정해 도와주고 있단다. 한국국제협력단을 통해 해외에 파견될 경우 보통 2년 정도 개발도상국에서 활동하게 돼.

• 무엇을 공부해야 하고, 필요한 자격증은 무엇인가요?

국제 NGO 단체에서 일하고 싶다면 기본적으로 해외에서 의견을 펼쳐 나갈 수 있는 외국어 실력을 갖춰야 해. 보통 영어는 세계 공통어로 사용하기 때문에 반드시 해야 하고, 파견될 나라의 언어를 함께 구사할 수 있으면 큰 도움이 되겠지.

또한 어떤 분야의 전문가가 되고 싶은가에 따라 공부해야 할 내용이 달라져. 환경에 관심 있을 경우 환경학을, 법률에 관련된 업무를 맡고 싶다면 국제법이나 법학을, 회계 업무를 담당하고 싶다면 회계학을 공부해야 해.

이런 전문 분야가 아니라 NGO 일원으로서 봉사하거나, 봉사 관련 업무를 전문적으로 진행하고 싶다면 사회복지학과를 전공하는 경우가 많아. 사회 복지사 자격증을 갖고 있으면 도움이 된단다.

이곳에 가면 정보를 구할 수 있어요!

- 국제NGO연합 www.wango.org
- 국제앰네스티 한국지부 www.amnesty.or.kr
- 국경없는의사회 www.msf.org
- 한국국제협력단 KOICA www.koica.go.kr
- 그린피스 www.greenpeace.org
- 유니세프 한국위원회 www.unicef.or.kr

난 컴퓨터 게임을 좋아해. 그런데 어느 순간
내 스스로 게임 속 캐릭터를 만들어 내고 싶다는 생각이 들었어.
컴퓨터도 잘 다루고, 그림도 잘 그리고, 게임도 좋아한다면
세계 최고의 게임 그래픽 디자이너가 될 수 있는 자질을 갖춘 셈!
자신감을 갖고 국제무대에서 활약해 보자!

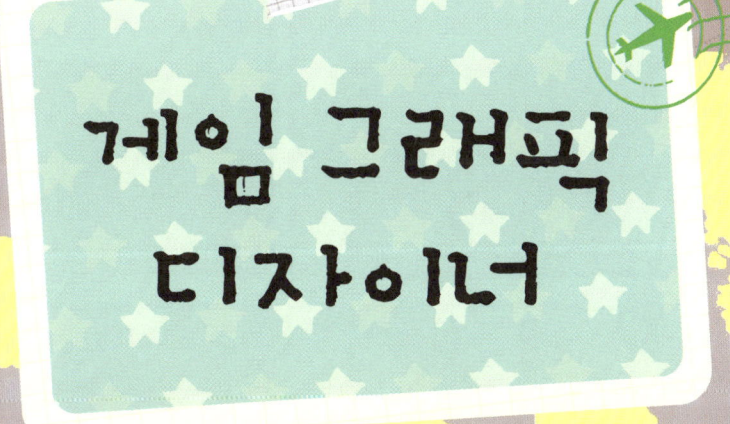

게임 그래픽 디자이너

게임 그래픽 디자이너에 대해 알고 싶어요

규식이는 그림을 잘 그리는구나. 반 대표로 학교 그림 대회에 나간 경험이 있는 것을 보니. 그럼 게임도 하면서 그림 실력을 뽐낼 수 있는 직업을 찾아볼까? 게임 그래픽 디자이너는 어떨까? 전 세계인이 함께 즐기는 게임 속 주인공을 규식이가 그렸다고 생각해 봐. 벌써부터 가슴이 두근두근 뛰는 거 같지 않니?

• 게임 그래픽 디자이너는 어떤 일을 하나요?

게임 그래픽 디자이너는 기획자가 만든 시나리오(글)를 사람들이 눈으로 볼 수 있게 만드는 사람들이야. 보통 게임 그래픽이라고 하면 게임 속의 캐릭터(등장인물)만 생각하는데, 게임 속에 보이는 모든 것이 디자이너의 손을 통해 만들어진단다.

글로 쓰인 게임을 눈에 보이게 하기 위해서는 여러 가지 단계가 필요해. 우선 어떤 분위기와 특성으로 게임을 만들 것인지 방향을 잡는 작업에 들어가. 그리고 결정된 내용을 그림으로 표현하는데, 이것을 원화라고 하지.

이제 이 원화를 바탕으로 소프트웨어를 이용해 다양한 게임 속 요소들을 만들어 가는 거야. 보통 요소별로 나누어서 작업하는데, 캐릭터, 배경, 아이템 등으로 나누어서 해. 게임 속 화면뿐 아니라 게임 플레이어들이 게임을 쉽게 할 수 있도록 메뉴를 보여 주고 정보를 전달해 주는 창도 만들어야 해. 이 작업을 GUI(Graphical User Interface)라고 하지.

• **게임 그래픽 디자이너도 그림을 잘 그려야 하나요?**

많은 사람들이 게임 그래픽 디자이너는 컴퓨터로 그림을 그리니까 프로그램만 잘 쓰면 된다고 생각한단다. 물론 그림 그리는 소프트웨어를 잘 다룰 줄 알면 쉽게 작업할 수 있겠지만, 그림 실력이 없다면 원하는 그림을 잘 표현할 수 없을 거야.

무엇을 이용해 그림을 그리든 손으로 그리는 기본 실력과 그림에 대한 감각이 있어야 훌륭한 작품을 만들어 낼 수 있다는 걸 명심하렴.

특히 세계인들이 모두 즐길 수 있는 게임을 만들려면 세계인들이 공감하는 디자인 감성이 필요하단다. 그러려면 여러 나라의 게임과 예술 작품들을 다양하게 접해 보는 것이 좋겠지?

• **게임 그래픽 디자이너들이 그림 그릴 때 사용하는 도구가 궁금해요**

기본 도구는 컴퓨터와 태블릿, 그리고 프로그램이야. 컴퓨터는 우리가 집에서 사용하는 컴퓨터보다 메모리나 그래픽 카드, 모니터 등의 성능이 좋은 고급 컴퓨터를 이용해. 그래야 복잡한 3D 작업도 원하는 대로 금방 해낼 수 있으니까 말이야.

태블릿은 일종의 그림 그리는 판이야. 컴퓨터에 연결해서 이용하는데, 펜마우스로 마치 종이 위에 그림을 그리는 것처럼 태블릿 위에 그림을 그려 넣으면 되는 거야. 컴퓨터로 작업하는데도 그림 공부가 필요한 이유를 이제 알겠지?

프로그램은 크게 2D와 3D 프로그램으로 나눌 수 있어. 2D용 프로그램은 종이 위에 그린 것처럼 입체감이 없는 평평한 형태의 그림을 그리는 소프트웨어들을 말한단다. 포토샵이나 페인터가 여기에 포함되는 프로그램들이지. 3D용 프로그램은 원화를 이용해 입체감 있게 표현할 수 있어. 3D 맥스나 마야 같은 프로그램들을 잘 다뤄야 해.

미국 게임 회사 캐릭터 팀장 제니 류

〈반지의 제왕〉이라는 할리우드 영화를 본 적이 있니? 화려한 볼거리와 긴장감 있는 모험 이야기로 큰 인기를 끌었지. 영화 성공 후에 미국의 EA라는 유명한 게임 회사에서 게임으로 만들어 다시 한 번 큰 관심을 모았단다.

그런데 그 게임에 등장하는 캐릭터가 한국인의 손끝에서 탄생했다는 사실을 알고 있니? 그 장본인이 바로 나야! 지금은 액티비전(Activision) 게임 회사에서 〈콜 오브 듀티(Call of Duty)〉를 만들고 있어.

나는 서울에서 대학을 졸업한 후 미국에서 3차원 그래픽을 공부했어. 많은 친구들이 영화 애니메이션 쪽으로 진로를 정할 때 난 과감하게 게임 그래픽을 선택했지. 지금은 게임 사업이 영화만큼 큰 사업으로 성장해서 게임 그래픽 디자이너의 위상도 꽤 높아졌지만, 내가 게임 분야를 선택할 때만 해도 그렇지 않았단다.

미국에서 일하다 보면 실력이 좋아도 언어의 장벽 때문에 제대로 실력 발휘를 못 하는 한국 사람을 많이 본단다. 그럴 때면 얼마나 안타까운지 몰라. 어렸을 때부터 실용적인 영어 공부를 통해 이런 벽을 뛰어넘는 훌륭한 그래픽 디자이너 후배가 나오면 좋겠어. 그 꿈 너희들이 이룰 수 있지? 한국인의 게임 실력은 이미 세계 최고니까.

게임 그래픽 디자이너, 어떻게 준비할까?

★ **창의적인 어린이** : 주어진 주제나 상황에 대해 독특하고 독창적인 아이디어를 낼 수 있어야 해요.

★ **탐구심이 강한 어린이** : 호기심이 많고 관찰, 연구하는 것을 좋아해요.

★ **혁신적인 어린이** : 새로운 아이디어를 낼 수 있고, 어떤 문제를 해결하기 위해 기발한 방법을 생각해 낼 수 있어야 해요.

• 게임 회사에는 어떻게 들어가나요?

　게임 회사에 그래픽 디자이너로 들어가기 위해서는 우선 디자인 공부를 해야 해. 대부분의 게임 회사에서 디자이너들의 포트폴리오를 보고 심사하거든. 포트폴리오는 자신이 직접 만든 캐릭터나 여러 작품들을 모아 놓은 개인 작품집을 말해.

그래픽을 공부하는 방법은 크게 두 가지로 생각해 볼 수 있어. 요즘에는 많은 대학에 관련 학과들이 생겼어. 게임, 애니메이션, 컴퓨터 그래픽, 만화학과 같은 곳들이야. 대학에서 공부하게 되면 아무래도 오랜 시간 관련 분야를 차근히 배울 수 있다는 장점이 있지.

해외 게임 회사의 경우는 대부분 경력자를 뽑는 편이고, 학력이나 영어 자격증 등 갖추어야 할 자격 조건이 조금 더 까다로운 편이야. 옛날에는 외국에서 공부한 후 직접 해외 게임 회사에 취업을 시도하는 경우가 많았는데 요즘은 조금씩 추세가 바뀌고 있어. 무엇보다 한국의 컴퓨터 게임 산업이 발전하면서 외국계 게임 회사들이 한국으로 많이 진출했거든.

처음부터 해외 게임 회사를 들어가려고 하는 것보다 국내 게임 회사에서 필요한 경력을 쌓은 후 도전하는 것도 좋은 방법 중 하나라고 할 수 있어.

• 게임과 관련된 자격증도 있나요?

국가에서 인증해 주는 게임 자격증으로 게임 기획 전문가, 게임 프로그래밍 전문가, 게임 그래픽 전문가 등이 있어. 2002년부터 한국산업인력공단에서 시행해 왔는데 2010년부터는 한국콘텐츠진흥원에서 시행하게 됐어.

게임 그래픽 전문가의 경우 필기 시험과 실기 시험을 봐야 하는데, 특별한 자격 요건이 필요하지는 않아. 실기 시험 합격률이 30퍼센트밖에 안 된다고 하니 실기 준비를 열심히 해야겠지?

이곳에 가면 정보를 구할 수 있어요!

- 큐넷 www.g-net.or.kr
  한국산업인력공단에서 운영하는 사이트로 자격증에 관한 정보를 얻을 수 있다.
- 게임잡 www.gamejob.co.kr 게임에 관련된 각종 취업 정보를 얻을 수 있다.
- 넥슨 www.nexon.com   • 엔씨소프트 www.ncsoft.com
- 블리자드 사이트 kr.blizzard.com/ko-kr

학급회의를 진행하다 보면 학생들 각각의 의견을 조율하는 게 참 어려워.
세계 각국의 대표들이 모여 국제회의를 한다면 어떨까?
회의 안건부터 각국 대표들이 머물 숙소 섭외, 회의장 준비, 관광 등
회의 기획부터 마무리까지 모든 일을 처리하는 사람이 국제회의 전문가야.
세계 속의 한국을 더욱 돋보이게 하는 국제회의 전문가에 대해 더 자세히 알아볼까?

국제회의 전문가

국제회의 전문가에 대해 알고 싶어요

중요한 국제회의가 우리나라에서 꾸준히 열리고 있어. 이러한 국제 행사를 처음부터 끝까지 책임지는 전문 직업이 국제회의 전문가야. 당당한 태도로 세계 유명인들을 회의장으로 안내하고, 날카로운 눈빛으로 회의 진행에 문제가 없는지 살펴보는 모습, 바로 국제회의 전문가가 된 동민이의 미래 모습이지 않을까?

• 국제회의 전문가는 무슨 일을 하나요?

국제회의 전문가는 국제회의를 유치하는 것에서부터 회의의 기획, 운영, 마무리까지를 책임지고 잘 운영되게 하는 사람이야.

국제회의 전문가가 프로젝트를 시작할 때 제일 먼저 하는 것은 국제회의를 우리나라에서 열릴 수 있도록 만드는 거야. 이건 세계 다른 도시와 우리나라 도시가 경쟁해서 이겨야 가능한 일이지. 국제회의 유치는 결국 우리나라의 경쟁력을 높이고 이미지를 좋게 하는 중요한 일이라고 할 수 있어.

국제회의 전문가는 겉으로는 화려해 보이지만, 이를 뒷받침하기 위해 많은 일을 처리해야 하는 직업이기도 해. 회의 참석자의 숙소에서부터 관광, 비자, 안전 문제까지 회의에 관련된 모든 사항을 처리해야 하니까 말이야. 국제회의가 딱 하루밖에 열리지 않더라도 준비 기간은 몇 달씩 걸리기도 하거든.

워낙 광범위하게 다양한 일을 처리해야 하므로 여러 가지 업무를 모두 할 수 있어야 해. 하지만 이러한 어려움에도 불구하고 멋지게 국제회의를 마치고 난 후의 성취감은 이루 말할 수 없겠지?

• **국제회의 전문가가 주로 활동하는 무대는 어디인가요?**

국제회의 전문가는 개인 자격으로 활동하는 것이 아니라, 보통 컨벤션 기획 회사에 소속되어 활동해. 컨벤션 관련 기업으로는 코엑스나 일산 킨텍스, 제주국제컨벤션센터처럼 전문적으로 국제 행사를 대행해 주는 컨벤션 기획 회사 등이 있어.

특별하게 활동 무대가 한정되어 있는 것은 아니야. 행사가 열리는 곳이라면 어디라도 일하는 장소가 될 수 있어. 우리나라에서 개최되는 국제회의를 맡으면 국내에서 활동하는 경우가 많겠지. 물론 회의에 참석할 회의 주최자들과의 사전 미팅을 위해 다른 나라를 방문해야 할 경우도 있어.

• **국제회의를 준비하면서 어려운 부분은 무엇일까요?**

국제회의 전문가는 사람을 많이 만나는 직업이야. 사람 만나는 일을 좋아하지 않으면 실력 있는 국제회의 전문가가 될 수 없을 거야.

새로운 사람을 만나고 이 사람들과 계속 좋은 관계를 유지해 나가는 것은 쉬운 듯하면서도 가장 어려운 일이야. 하지만 많은 국제회의 전문가들은 이 점을 또 다른 장점으로 꼽는단다. 다양한 분야의 유명한 사람들을 만날 수 있으니까 말이야.

유명 인사들과 한번 맺은 인연을 나와 중요한 인연으로 오래 이어 갈 수 있다면 더욱 멋진 일이겠지?

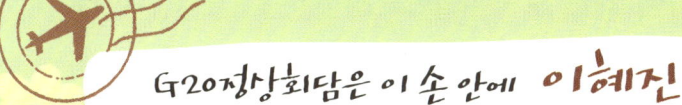
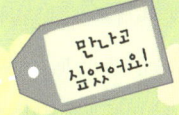

G20정상회담은 이 손 안에 이혜진

국제사회에서 우리나라의 위상이 높아지면서 중요한 국제회의나 전시회들이 국내에서 많이 열리고 있어. 특히 코엑스는 아시아유럽정상회의(ASEM 아셈)를 비롯해 각종 국제회의가 열린 곳으로 유명하지.

나는 코엑스에서 10년 넘게 국제회의 전문가로 일하고 있어. 국내에서 국제회의들이 많이 개최되면서 요즘 국제회의 전문가라는 직업이 새롭게 관심을 받고 있어. 그 덕에 나도 이곳저곳에서 직업에 대한 강의 요청이 많아서 바쁘단다.

국제회의 전문가는 컴퓨터의 중앙처리장치(CPU) 같은 존재야. 모든 일을 처리함과 동시에 통합하고 조절하는 능력이 있어야 하지.

나는 최선을 다해서 국제회의를 멋있게 마무리 지었을 때 가장 큰 성취감을 느껴. 국제회의 전문가의 능력에 따라 국제회의의 수준이 결정될 만큼 개인의 역량이 중요한 직업이거든.

국제회의 전문가가 꿈인 어린이들에게 한 가지 충고를 할게. 우선 다양한 체험을 통해 많은 것을 직접 경험하고 겪어 봐. 나중에 좀 더 자라면 국내에서 열리는 국제회의나 행사에 자원봉사자로 참여하는 것도 좋은 방법이야. 직접 국제회의가 운영되는 것을 지켜봄으로써 머릿속에 환상처럼 그려졌던 국제회의 전문가 모습이 훨씬 뚜렷하게 그려질 수 있거든.

국제회의 전문가, 어떻게 준비할까?

★ **협조적인 어린이** : 다른 사람들과 즐거운 관계를 가지면서 서로 도울 수 있어야 해요.

★ **꼼꼼한 어린이** : 사소한 부분까지도 놓치지 않고 철저하게 일을 완수해야 해요.

★ **신뢰성을 가진 어린이** : 자신이 맡은 업무를 완벽하게 끝내 다른 사람들에게 신뢰감을 줄 수 있어야 해요.

• **어떤 공부를 하면 좋을까요?**

최근 들어 국내에서 유치하는 국제 행사가 많아지면서 전문적으로 국제회의 전문가를 길러 내는 교육 과정들이 만들어지고 있단다.

대학교에서도 국제회의와 연관된 전공학과들이 생기고 있는데, 컨벤션, 전시, 관광, 관광경영, 국제경영, 통역, 호텔관광, 호텔경영 등이 대표적이지.

하지만 특별하게 전공과목에 제한이 있는 것은 아니니, 좀 더 다양한 경험을 쌓은 뒤 결정해도 늦지 않아. 그리고 마지막으로 외국어가 필수 공부 과목이라는 건 말하지 않아도 알겠지?

외국어는 필수!

코엑스

제주국제컨벤션센터

• **공부 말고 준비해야 하는 것은 무엇이 있을까요?**

다양한 경험은 그 사람이 사회 일원으로 적응하는 데 큰 도움을 줄 수 있는 재산이라고 할 수 있지.

국제회의 전문가를 꿈꾼다면 국내에서 열리는 여러 가지 국제 행사에 관심을 가져 보자. 예를 들어 G20정상회담이라던가 여러

코엑스 회의실

국제 행사에서는 서포터즈나 자원봉사자를 많이 필요로 한단다. 지금 당장은 어렵지만 좀 더 컸을 때 참여해 보렴. 이와 같은 현장 경험은 나중에 전문가로 진출했을 때 큰 자산이 될 수 있으니까.

• **국제회의 전문가가 되려면 어떤 시험을 봐야 하나요?**

국제회의 전문가는 사람들에게 많이 알려진 직업이 아니야. 그래서 자격증이 만들어진 지 10년도 안 됐단다. 우리나라에서는 2002년부터 국제회의 전문가를 위한 전문 국가자격 시험이 시행되고 있는데, 자격증 이름은 컨벤션 기획사 1, 2급증이야.

이 자격증은 한국산업인력공단에서 시행하는 시험인데 국가기술자격증 중 하나야. 2급 자격증이 초급이라고 할 수 있어. 2급은 응시 자격에 제한이 없지만 1급은 대학 졸업 후 관련 분야에서 최소 4년 이상의 경력이 있어야 하는 등 조건이 까다롭고 시험도 어려워.

이곳에 가면 정보를 구할 수 있어요!

- **큐넷** www.q-net.or.kr
  한국산업인력공단에서 운영하는 사이트로 자격증에 관한 정보를 얻을 수 있다.
- **국제회의 전문가 교육원** www.iccos.co.kr 시험 및 각종 정보를 얻을 수 있다.

비행기에서 만난 친절한 스튜어디스 누나. 멋진 제복에 세련되고
친절한 매너, 그리고 외국인에게 건네는 유창한 영어 실력이 대단하더라고!
그런데 비행기에는 스튜어드라는 남자 승무원도 있어. 아름다운 미소와
서비스 정신으로 전 세계인의 안전한 여행을 책임지는 국제선 항공기 승무원.
나와 함께 이 직업의 세계를 탐험해 볼래?

국제선 항공기 승무원

국제선 항공기 승무원에 대해 알고 싶어요

준혁이의 꿈은 세계를 여행하는 것이래. 그래서 안정적으로 돈도 벌면서 여행을 마음껏 할 수 있는 국제선 항공기 승무원에 대해 심각하게 고민하고 있다는구나.
그럼 고민이 많은 준혁이를 위해 국제선 항공기 승무원에 대해 좀 더 자세히 알아볼까?

• 스튜어디스? 스튜어드?

두 단어 모두 항공기 승무원을 뜻하는 말이야. 스튜어디스는 여자 승무원을, 스튜어드는 남자 승무원을 뜻해. 비행기 안에서 주로 여자 승무원들을 볼 수 있는데, 스튜어드의 수가 스튜어디스에 비해 적기 때문이야.

하지만 최근 들어 해외여행이 늘고 비행기 안전에 대한 관심이 높아지면서 스튜어드에 대한 관심도 커졌어. 스튜어드의 주요한 임무 중 하나가 비행기 내부의 안전을 책임지는 것이거든.

우리나라에서는 스튜어디스, 스튜어드라는 말을 주로 사용하지만 외국에서는 크루(crew 또는 cabin crew)라는 말을 더 많이 사용해.

- **항공기 승무원은 무슨 일을 하나요?**

 항공기 승무원은 비행기 조종사와 함께 안전하게 비행기 여행을 즐길 수 있도록 도와주는 사람들이야. 눈에 보이는 서비스는 승무원의 임무 중 일부분에 불과해. 비행기가 출발하기 2~3시간 전부터 비행기가 날아가는 길이나 날씨, 비행 시간, 승객들의 특성 등, 승객들이 안전하게 목적지에 도착할 수 있도록 모든 사항을 꼼꼼히 체크해야 하거든.

 그래서 모든 항공기 승무원들은 비행 중 생길 수 있는 비상 상황에 대비해서 승객들이 침착하게 대응할 수 있도록 안내하거나, 대피시키는 훈련을 받아.

- **해외에 머물 동안에는 어디서 생활하나요?**

 보통 승무원들의 숙소가 있는 곳을 베이스라고 하는데, 모든 나라에 있는 것은 아니야. 항공사에서는 주요 비행 노선이 지나는 곳에 승무원들의 숙소를 마련하지. 다른 나라에 가서도 승무원들이 불편함 없이 기본 생활을 할 수 있도록 말이야.

그래서 어떤 항공사에서 일하는가, 어느 노선의 비행기를 타는가에 따라 생활 근거지가 바뀔 수 있단다.

• 승무원들은 비행시간 내내 쉴 수 없나요?

서울에서 제주도까지 비행기를 타고 가면 1시간밖에 걸리지 않지만, 해외로 나가는 비행기는 긴 시간 동안 비행을 해야 해. 비행기가 승무원들이 일하는 곳이니까 계속 쉬지 않고 일만 할 수도 있겠다는 생각이 들 거야.

비행기에는 승무원들을 위한 휴식 공간이 따로 있어. 벙커라고 하는데, 승무원들은 교대로 이 벙커에서 휴식을 취할 수 있다는구나. 이곳에는 기차나 배의 침실 칸에서 볼 수 있는 2층 침대들이 놓여 있는데, 그곳에서 잠깐씩 눈을 붙이거나 휴식을 취하지.

• 비행 수당과 해외 체재비가 뭔가요?

비행 수당은 승무원들이 땅 위보다는 위험한 곳에서 근무하기 때문에 지급되는 비용이야. 국제선 항공기 승무원이 되면 그 밖에도 해외 체재비도 받는데, 비행 후 2~3일 머무는 동안 사용할 비용을 회사에서 주는 거야.

그 기간 동안 승무원들은 휴식을 취하기도 하고 여행을 다니기도 해. 준혁이는 이 시간을 잘 활용하면 되겠구나.

개인적으로 다른 나라에 갈 일이 있을 때는 비행기 삯의 최고 90퍼센트까지 할인 받을 수 있다고 하니까 부담이 덜 하겠지?

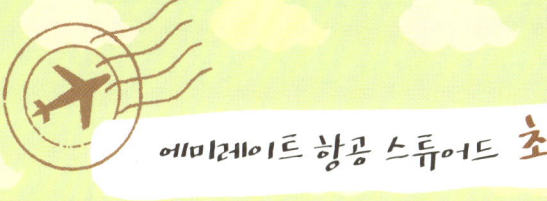 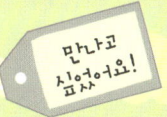

　혹시 항공기의 승무원 하면 스튜어디스만을 떠올리지 않니? 물론 비행기를 타면 주로 예쁜 언니나 누나가 보이니까 그렇게 생각할 수도 있겠구나. 하지만 꼼꼼히 살펴보면 금방 형이나 오빠도 찾을 수 있을 거야.

　나는 에미레이트 항공에서 스튜어드로 일하고 있단다. 사람들이 남자가 무슨 스튜어디스냐고 오해할 때는 속상하기도 하지만 세계를 여행하면서 다양한 사람을 만나고 새로운 경험을 할 수 있어서 너무 즐거워.

　여자 승무원과 비슷한 일을 하지만, 나는 나만의 특별한 일도 하고 있어. 여자 승무원들이 제어할 수 없는 비상 상황에서 안전을 책임지는 아주 아주 중요한 일이지!

　나와 같은 일을 하고 싶다면, 건강과 서비스 정신을 반드시 갖춰야 해. 오랜 시간 비행기에서 생활하게 되면 쉽게 피로해지고, 건강이 나빠질 수 있거든. 승무원들은 스스로를 위해서뿐 아니라 승객의 안전을 위해서도 건강과 체력을 지켜야만 한단다. 그리고 무엇보다 승객들의 쾌적한 여행을 위해 배려하는 마음과 승객을 우선으로 생각하는 서비스 정신 또한 꼭 필요해.

국제선 항공기 승무원, 어떻게 준비할까?

★ **사회적인 어린이** : 혼자 일하는 것보다는 여러 사람과 어울려 일하는 것을 좋아해야 해요.

★ **스트레스를 잘 이겨 내는 어린이** : 다른 사람들의 비판을 받아들이고, 스트레스를 효과적으로 이겨 낼 수 있어야 해요.

★ **꼼꼼한 어린이** : 사소한 부분까지도 놓치지 않고 철저하게 일을 완수해야 해요.

• 국제선 항공기 승무원이 되려면 특별한 신체 조건이 필요한가요?

항공기 승무원은 체력이 필수이기 때문에 신체 조건에 특별한 제약을 두기도 한단다. 우선 키가 남자는 170센티미터, 여자는 160센티미터 이상이 되어야 해. 국내 항공사들은 여자 승무원의 경우 162센티미터가 기본 조건이지만 외국 항공사는 157~160센티미터가 넘고 양팔을 합친 길이가

208센티미터 이상이면 지원할 수 있어. 그리고 모든 항공사들의 채용 조건에 시력이 포함되는데 교정시력(안경이나 렌즈를 끼고 측정한 시력, 또는 라식이나 라섹 수술 후 시력)이 1.0을 넘어야 해.

이런 신체 조건이 필요한 이유는 비행기 내에서 승객들의 안전을 위한 여러 가지 행동을 하기 위해서란다.

• 국제선 항공기 승무원이 되려면 무엇을 공부해야 하나요?

항공기 승무원으로서 가장 중요하게 생각되는 덕목은 서비스 정신이라고 할 수 있어. 모든 승객들에게 내가 할 수 있는 최고의 서비스를 제공하고, 안전하게 목적지에 도착할 수 있도록 만드는 것이 가장 중요한 업무거든.

비행기를 타고 여러 나라의 사람들을 승객으로 만났을 때 서로 불쾌감을 주지 않기 위해, 국제 매너는 반드시 몸에 익히고 있어야 해.

비행기는 여러 나라의 승객들이 이용하는 운송 수단이기 때문에 영어 사용이 필수란다. 특히 외국 항공사의 경우는 면접 중에 영어 인터뷰가 포함되어 있으니까 준비해 두는 게 좋겠지. 그리고 비상 상황을 대비해서 수영을 할 줄 알아야 하는 경우도 있단다.

이곳에 가면 정보를 구할 수 있어요!

- 싱가포르 항공 www.singaporeair.com/kr
- 캐세이패시픽 항공 www.cathaypacific.com/kr
- 에미레이트 항공 www.emirates.com/kr/korean
- 영국 항공 www.britishairways.com
- 아메리칸 항공 www.american-airlines.co.kr
- 네덜란드 항공 www.klm.com/travel/kr_ko
- 루프트한자 www.lufthansa.com/online/portal/lh/kr
- JAL 일본 항공 www.jal.co.kr
- 스위스 항공 www.swiss.com
- 에어프랑스 www.airfrance.co.kr
- 델타 항공 www.delta.com

나는 세계적인 심장 전문의가 되는 게 꿈이야.
그래서 내 동생처럼 심장이 아파 고생하는 전 세계 사람들을 치료해 주고 싶어.
국제 의사가 되려면 어떤 시험을 봐야 하고, 필요한 자격증이 뭘까?
국경을 넘어 한국의 의료 기술을 세계로 펼치는 국제 의사에 대해 함께 알아보자.

국제 의사

국제 의사에 대해 알고 싶어요

진주는 커서 동생처럼 아픈 친구들을 도와주고 싶은 모양이구나. 미래에 대해 구체적인 목표가 있으면, 다른 친구들보다 빨리 원하는 분야의 공부를 시작할 수 있단다. 꿈에 다가가기 위해 필요한 책도 많이 볼 것이고, 관심도 높아질 테니까. 자, 세계적인 심장 전문의가 되는 길을 살펴볼까?

• **국제 의사와 국내 의사, 무슨 차이가 있을까?**

국제 의사와 국내 의사 모두 아픈 사람을 치료하는 사람들이야. 한 가지 차이가 있다면 활동하는 장소가 어디인가 하는 것이지.

의사가 되려면 우선 국가로부터 의료 활동을 할 수 있다는 허가를 받아야 해. 어느 나라건 의료 행위는 사람의 목숨이 달린 일이라서 나라에서 엄격하게 관리하고 있거든. 그래서 진주가 의사로 활동하고 싶은 나라에서 의사 자격증을 받은 후 그곳에서 인턴과 레지던트(전문 의사 자격을 받기 위해 병원에서 일정 기간 실습을 받는 수련 의사. 인턴 과정을 거친 후 레지던트 과정을 밟는다.) 실습을 마쳐야 해.

엄밀히 말하면 국제 의사, 국내 의사라는 구분은 있을 수 없어. 다만 어느 나라에서 의료 활동을 하느냐에 따라 한국 의사, 호주 의사, 미국 의사 등으로 나눌 수 있겠지.

그러니까 진주가 우리나라에서 의사로 활동하면서 세계 의료계로부터

실력을 인정받으면, 세계적인 심장 전문의가 되는 거야. 물론 미국 등의 선진국은 우리나라보다 의료 시스템이나 장비들이 잘 갖춰져 있어서 많은 사람들이 선진국에서 의사 자격증을 받기 위해 노력하고 있단다.

• 외국에서 한국 의사가 필요할까?

세계는 지금 의사나 간호사가 많이 필요한 상황이야. 의료 체계가 제대로 발달하지 못한 후진국뿐 아니라 선진국에서도 절대적으로 부족한 상황이래. 그래서 세계 여러 나라들은 자기 나라에 부족한 인력들을 다른 나라에 요청하거나 반대로 파견을 내보내며 도움을 주고받고 있어.

우리나라 의료 기술은 1990년대 이후 급격히 발전해 왔어. 그래서 많은 나라에서는 우리나라 의료진들을 필요로 하고 있단다. 하지만 의료 지원은 아주 중요한 부분이기 때문에 나라마다 엄격한 시험을 치러서 사람들을 선별하고 있어.

　의료진의 부족과 더불어 사람들의 생활 반경이 많이 넓어지게 된 것도 해외에서 우리나라 의사가 필요한 이유 중 하나란다. 옛날에는 태어난 나라에서 죽을 때까지 사는 경우가 대부분이었지. 하지만 요즘은 공부하기 위해, 여행을 가느라, 아니면 아예 다른 나라에서 살기 위해 외국을 가는 경우가 많아졌어. 그러다 보니 교민이 많이 사는 곳에서는 한국 의사에 대한 필요가 더욱 커졌지.

　이런 여러 가지 이유로 한국에서 의대를 졸업한 후 외국에서 의사 자격 시험을 보는 경우가 많단다. 한국뿐 아니라 다른 나라의 의사 자격 시험까지 통과하면 우리나라는 물론 해외에서도 의사를 할 수 있게 되는 거야.

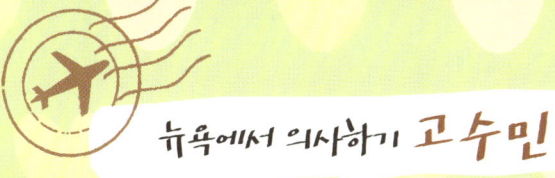 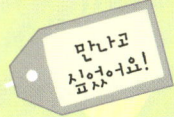

안녕? 난 미국에서 의사가 되고 싶은 사람들에게 아주 유명하단다. '뉴욕에서 의사하기'라는 블로그를 운영하고 있는데, 뉴욕에서 의사가 되기까지 내가 겪은 일들을 올린 글이 사람들에게 큰 인기를 끌었어.

내 블로그는 미국에서 의사가 되고 싶은 꿈을 가진 사람들이 놀러 와서 정보도 얻고 그 과정을 간접적으로 체험할 수 있어 아주 유용하지.

나는 지금 뉴욕에서 의사로 활동하고 있지만, 미국에서 의사가 되기까지 피나는 노력이 있었어. 한국에서 의과 대학을 졸업한 후, 오랜 시간 준비해서 미국의사면허시험(USMLE)을 봤지. 영어도 어렵고, 의학 공부도 어려운데 그 어려운 의학 공부를 영어로 해야 하니 정말 힘이 들더라고.

그래서 나와 같은 괴로움을 겪는 사람들이 많으리라 생각하고 시험 공부할 때의 경험담과 뉴욕에서 겪은 영어 체험을 책으로도 냈지.

미국에서의 의사 생활은 아주 행복해. 돈을 많이 벌거나 편안한 생활을 해서가 아니야. 국경을 넘어 나를 믿고 의지하는 여러 나라의 환자들을 치료하는 일이 보람 있기 때문이야.

국제 의사, 어떻게 준비할까?

★ **이타적인 어린이** : 자신의 이익보다 다른 사람을 위해 봉사할 수 있어야 해요.

★ **통제력이 있는 어린이** : 힘든 상황에서도 화를 내거나 공격적으로 행동하지 않고, 마음의 안정을 유지할 수 있어야 해요.

★ **인내심이 강한 어린이** : 어려운 일이 있어도 포기하지 않고 끝까지 견딜 수 있어야 해요.

• **미국 의사면허시험(USMLE)에 대해 알고 싶어요**

우리나라 의사들이 가장 많이 진출해 있는 나라는 미국이야. 그리고 미국 의사가 되고자 하는 사람도 계속 늘고 있다는구나. 국내에는 미국 의사 자격증을 준비하기 위한 전문 학원까지 있을 정도로 관심이 높단다.

미국 의사가 되기 위한 시험은 USMLE(United States Medical Licensing Examination)라고 해. 보통 기초 의학 상식을 시험하는 1단계, 환자 진찰 과정을 시험하는 2단계, 전문 의학 지식을 시험하는 3단계로 구성되어 있어.

• **나라마다 다른 시험, 어떻게 준비해야 하나요?**

나라마다 조금씩 다르긴 하지만 외국인에게 의사 자격 시험을 치르게 할 때는 크게 두 가지 부분의 능력을 시험해 본단다. 의학에 대한 지식과 자국의 언어를 얼마나 유창하게 쓸 수 있느냐 하는 것이야.

의사가 환자를 제대로 진찰하기 위해서는 환자와 편하게 몸의 증상에 대해 이야기할 수 있어야겠지. 대부분 본격적인 의사 자격 시험을 치르기 전에 언어 실력 테스트를 겸한 예비 시험을 보게 한단다.

의학 지식 관련 시험은 외국인이나 자국의 의대 졸업생이나 똑같이 보는 과목이야. 하지만 외국인은 별도로 언어를 공부해야 하니까 자국민에 비해 두 배의 공부를 해야 하는 거지.

• **미국에서 간호사도 할 수 있나요?**

미국에서 간호사를 하려면 미국간호사면허시험 즉, NCLEX(National Council Licensure Examination)를 봐야 해.

외국인으로 간호사 시험을 보려면 자기 나라에서 딴 간호사 자격증이 있어야만 해. 우리나라의 경우 간호사 자격증은 국내의 3년제 또는 4년제 간호 대학을 졸업해야 응시할 수 있어. 그래서 일단 국내에서 간호 대학을 나온 후, 외국 시험의 조건을 갖추어서 해당 나라에서 시험을 봐야 하지.

작년 여름, 나는 난생 처음 해외로 가족 여행을 갔어.
그때 호텔에서 만난 지배인을 비롯해 미소가 멋진 벨보이,
최고의 음식을 선보인 주방장 등 친절한 호텔리어들을 잊을 수 없어.
나라 간의 교류가 활발해지고 해외여행이 잦아지면서
미래에는 호텔리어가 더욱 각광 받는 직업이 될 거야.

호텔리어

호텔리어에 대해 알고 싶어요

특급 호텔에 가면 웃는 얼굴과 친절한 말씨, 단정한 옷차림으로 손님을 반겨 주는 호텔리어들을 만날 수 있어. 또 근사한 음식을 요리하는 요리사도 빼놓을 수 없지. 세계적인 호텔을 관리하는 호텔리어가 되려면 무엇을 준비해야 하는지 지금부터 알아볼까?

• 호텔에서 일하면 모두 호텔리어인가요?

'호텔리어'라는 말을 처음 듣는 친구들도 있을 거야. 보통은 호텔에서 일하는 사람들을 통틀어 말하며, 호텔 최고 지배인에서부터 벨보이(호텔에서 손님들의 짐을 운반하는 사람)까지 모두 호텔리어라고 할 수 있단다.

호텔리어의 업무는 서비스 조직과 그 일을 지원해 주는 사무 관리 부서 이렇게 두 가지 영역으로 나눌 수 있어.

우선 사무 관리 부서에서는 일반 회사처럼 호텔이 잘 운영되도록 각종 지원 업무를 하게 돼. 사업 기획에서부터 직원 관리, 재무 관리, 홍보 마케팅까지 다양한 업무가 포함된단다.

서비스 업무는 호텔 손님을 위한 객실 부서와 식음료 부서로 나뉘어. 객실 부서는 호텔 로비에서 손님들에게 정보와 서비스를 제공하고, 식음료 부서는 식당 홀 서빙(음식 주문을 받고 나르는 일)과 레스토랑이나 연회 행사 등에 관련된 일을 해.

• **호텔리어에게 필요한 지식과 능력은 무엇이 있을까요?**

　호텔은 주로 외국인이 많이 이용하기 때문에 이들과 외국어로 대화할 수 있어야 해.

　요즘 우리나라에는 일본이나 중국 관광객들이 많이 찾아오고 있어. 그래서 영어 이외에도 일본어나 중국어도 호텔리어로서 요구되는 기본 능력 중 하나가 되고 있단다.

　외국어 능력과 함께 호텔리어가 반드시 갖추어야 할 조건은 서비스 정신이야. 호텔이나 서비스 관련 산업은 서비스를 받은 사람들이 좋은 마음으로 다시 찾도록 만들어야 하거든.

그다음은 하고 싶은 업무에 따라 해야 할 공부나 전공해야 할 분야가 모두 다르단다. 만약 호텔의 조리부에서 일하고 싶다면 요리를, 홍보나 마케팅 업무를 담당하고 싶다면 호텔경영학을 공부해야 하지.

• **내가 컸을 때도 호텔리어는 전망 있는 직업일까요?**

교통수단이 발달하고 생활이 안정되면서 사람들은 자기 나라뿐 아니라, 여러 지역으로 활동 범위를 넓혀 가고 있어.

특히 21세기에 들어서면서 세계 관광 인구는 빠른 속도로 늘고 있단다. 현재 전 세계적으로 호텔 분야에서 일하고 있는 사람들은 2억 명 정도 되는데, 앞으로 더 많은 호텔리어가 필요할 거야. 관광이나 호텔 사업은 앞으로 계속 발전하리라 생각되기 때문이지.

텔레비전이나 영화 속의 호텔리어는 항상 깔끔한 제복 차림으로 호텔을 돌아다니거나, 외국인에게 무엇인가를 설명하는 화려한 모습이 대부분이야. 하지만 호텔리어는 호텔 방문자들을 위한 최고의 서비스를 제공하기 위해 많은 노력을 해야 하는 직업이란다.

버즈알아랍호텔 수석총괄 조리장 에드워드 권

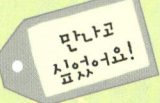
만나고 싶었어요!

　난 얼마 전까지만 해도 두바이에 있는 버즈알아랍호텔의 수석총괄 조리장이었어. 그곳에서 최고의 맛이 아니면 결코 사람들에게 선보이지 않겠다는 신념으로 일했지.

　나는 지방에 있는 전문대학에서 호텔조리학을 전공했어. 그리고 서울에 있는 한 호텔에서 요리사로서의 첫발을 내디뎠단다.

　서양 요리를 전공한 난, 서양 요리에 대해 더 깊게 공부하기 위해 무작정 미국으로 유학을 떠났어. 유학 생활은 쉽지 않았어.

　영어 실력도 형편없는데다가, 서양 요리를 먹으면서 자라 온 다른 요리사들과 실력 차이가 났지. 그래도 난 포기하지 않고 하루에 20시간을 일하면서 힘든 시간을 버텼단다.

　난 언제나 꿈을 위해 현재의 안정된 생활을 포기하고 계속 도전해 왔어. 한국 호텔에서의 안정된 직장 생활도, 버즈알아랍호텔의 수석총괄 조리장 자리도 더 큰 꿈을 위해 과감히 포기한 거지.

　나는 이제 음식을 통해 세계를 정복하겠다는 꿈을 꾸고 있어. 한국 음식을 세계적인 음식으로 만들고, 한국 요리사들을 세계적인 요리사로 키워 내겠다는 꿈 말이야!

호텔리어, 어떻게 준비할까?

★ **배려심이 많은 어린이** : 다른 사람들을 이해하고 도와주는 배려심이 많아야 해요.

★ **스트레스를 잘 이겨 내는 어린이** : 다른 사람들의 비판을 받아들이고, 스트레스를 효과적으로 이겨 낼 수 있어야 해요.

★ **꼼꼼한 어린이** : 사소한 부분까지도 놓치지 않고 철저하게 일을 완수해야 해요.

• 호텔리어가 되려면 어떻게 해야 하나요?

호텔리어의 범위가 넓기 때문에 콕 짚어 설명하기가 쉽지 않아. 하지만 많은 호텔리어들이 선택하는 방법은 대학에서 호텔과 연관된 공부를 하는 거야. 우리나라에는 호텔 전문대학이 여러 곳 있거든. 이들 학교에서는 호텔경영 및 실무에 대한 여러 가지 이론과 실무를 공부할 수 있단다.

또한 외국에 있는 호텔 전문대학이나 인턴십을 이용하는 경우도 많아. 해외에 있는 호텔 전문대학의 경우, 호텔을 갖고 있거나 산학 연합으로 되어 있어서 학교 실습 과정에 인턴십이 포함되어 있는 경우가 많아.

• 호텔리어를 위한 전문 자격증이 있나요?

호텔리어를 위한 국가 공인 자격증이 있어. 이 자격증에는 호텔 경영사, 호텔 관리사, 호텔 서비스사 등 모두 세 가지가 있는데 문화체육관광부에서 발급해 주고 있어. 그런데 이들 자격증은 호텔리어가 되기 위한 자격증이기보다는 호텔리어가 된 후 경력 관리를 위한 인증서라고 볼 수 있지.

대신 특급 호텔에서는 방학 기간을 이용해 실습 기회를 제공하고 있는데, 실습을 무사히 마치면 실습 수료증을 발급해 준단다.

• **세계적으로 유명한 호텔 학교를 알고 싶어요**

외국의 유명한 호텔 학교는 주로 관광 산업이 발전한 나라에 있어. 미국을 비롯해 스위스, 호주, 영국의 학교가 많이 알려져 있지. 요즘은 영어를 함께 배우면서 호텔 실습도 해 볼 수 있는 필리핀 호텔 학교에도 많이 진학하는 편이야.

프랑스 파리에 있는 로열몽소호텔

두바이에 있는 버즈알아랍호텔

미국 라스베이거스에 있는 벨라지오호텔

내 꿈은 한국인 최초로 노벨 과학상을 받는 거야.
화성, 금성 등 행성을 탐사하는 우주과학자, 생명의 신비를 밝히는 생명공학자,
환경을 연구하는 환경공학자, 로봇을 제작하는 로봇공학자 등 과학의 분야는
다양하고 흥미로워. 인간의 삶을 더욱 풍요롭게 하고, 밝혀지지 않은
과학의 수수께끼를 풀어내는 일, 내가 꼭 할 거야.

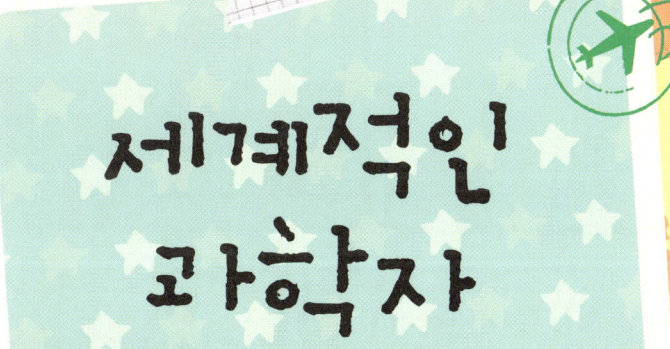

세계적인 과학자

• 미래에는 어떤 과학자들이 활약할까요?

유전과학자

오늘날 생명과학이 크게 발전하고 있어. 유전과학은 생명공학과 더불어 생명과학의 한 분야야. 지구에 있는 모든 생명체를 연구하는 일이라고 할 수 있지.

유전과학은 유전자의 구조, 생성, 조절 등을 연구해. 예를 들어 유전자를 연구해서 암에 걸리지 않는 방법을 알아내는 것도 유전과학에서 하는 일이야.

대학에서 생명공학이나 생물학, 의학, 약학, 식품영양학, 화학 등을 전공하면 유전과학자가 될 수 있어.

생명공학자

생명공학자는 유전자 조작 식물을 만들기도 하고, 줄기세포를 연구해 새로운 의료 기술을 연구하기도 해. 유전과학과 생명공학이 다른 점이라면 유전과학은 기초과학에 가깝고, 생명공학은 산업에 응용하는 과학 기술이라는 점이야.

생명공학자는 생명에 관련된 여러 과학을 산업으로 발전시키는 일을 하지. 유전과학자와 더불어 생명공학자도 앞으로 전망이 매우 밝은 미래 직업이라고 할 수 있어.

생명공학자가 되려면 대학에서 생물학, 미생물학, 생명공학, 유전공학, 농업생명공학 등을 공부해야 해.

환경공학자

환경공학자는 물을 맑게 할 수질 환경, 공기를 깨끗하게 할 대기 환경, 쓰레기를 처리하는 폐기물 처리, 소음과 진동 등을 막아 줄 기술 등을 연구하고 개발해. 최근에는 눈에 보이지 않는 미생물을 연구하기도 하지.

오늘날 문제가 되고 있는, 지구 온난화 등으로 환경공학자를 여러 나라에서 필요로 하고 있어.

환경공학자가 되려면 대학에서 환경공학, 화학, 생화학 등을 공부해야 하고, 대기나 기상학, 지질학 쪽을 공부해도 돼.

로봇공학자

로봇의 종류에는 사람처럼 걷고 뛰고 행동하는 휴머노이드, 공장에서 사람 대신 일하는 산업용 로봇, 청소 등 집안일을 돕는 가정용 로봇 등이 있어. 오늘날 많이 사용하는 로봇은 산업용 로봇이야.

세계적인 로봇 연구 기관으로 미국의 매사추세츠공과대학의 인공지능 연구실이 있어. 이곳은 우주 탐사 로봇과 가정용 청소 로봇을 처음으로 만든 곳이지. 또 일본의 산업기술종합연구소는 사람을 닮은 휴머노이드를 개발한 곳이고, 독일의 국립항공우주연구센터는 로봇의 팔을 사람처럼 정교하게 만들어 낸 곳으로 유명해.

로봇 공학자가 되려면 대학에서 전자공학, 기계공학, 제어계측공학 등을 공부하도록 해.

우주과학자

우주과학자는 우주가 처음에 어떻게 만들어졌는지 연구하는 것부터 달, 화성, 금성 같은 행성 등을 탐사하고, 인공위성과 첨단 항공기 그리고 우주 왕복선 등을 개발하는 일을 해.

또 인간을 대신할 로봇을 비롯해 무인 항공기도 개발하지. 가장 발달한 첨단 기술이 모두 모인 곳이 바로 우주과학이라고 할 수 있어.

대학에서 항공우주학이나 천체우주학을 공부하도록 해.

• **나사 외에 대표적인 외국의 연구소는 어떤 곳이 있나요?**

페르미연구소는 미국 시카고에 있는 입자 가속기 연구소야. 전 세계에서 온 많은 과학자들이 이곳에서 물질의 구조를 밝히려고 원자핵이나 기본 입자를 가속하여 충돌시키는 실험을 하고 있어.

남극의 킹조지섬에는 한국 최초의 남극 과학기지인 세종과학기지가 있어. 40여 명의 연구원들이 이곳에서 일 년 내내 머물며 지진파, 지구 자기, 대기, 지질, 해양생물학 등을 연구하지.

미국 워싱턴에 있는 세계자원연구소도 있어. 이곳은 지구 환경과 자원, 개발 등에 관한 문제를 연구하는 곳이야. 지구 환경과 자원을 보호하면서 어떻게 하면 경제 성장을 할 수 있는지에 대한 연구 활동을 하고 있어.

이처럼 전 세계에는 과학자들이 활동할 수 있는 연구 기관들이 많아.

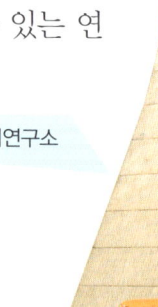
페르미연구소

 미국항공우주국 **신재원 박사**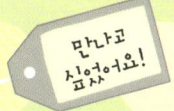

난 미국항공우주국(NASA)에서 항공 연구 부문의 최고 책임자로 활동하고 있어. 이건 한국인은 물론이거니와 동양인으로서도 최초야. 내가 하는 일은 민간 항공 연구 전체를 계획하고 관리하는 일이야.

난 어렸을 때부터 우주와 과학에 관심이 많았어. '무거운 비행기가 어떻게 하늘을 날 수 있을까?', '우주의 행성들을 탐사할 방법이 없을까?' 이런 상상을 많이 했지.

그러던 1969년 7월 20일, 당시 중학생이었던 난 아폴로 11호가 달에 착륙하는 감동적인 순간을 텔레비전으로 지켜보게 됐어. 그때 결심했지. 나중에 커서 우주과학자가 되어야겠다고.

그 후 난 그 꿈을 쫓아 열심히 노력했고, 연세대학교 기계공학과를 졸업한 뒤 미국으로 가서 버지니아공대에서 박사 공부를 했어. 그리고 지금까지 나사에서 열심히 연구하고 있지.

내가 연구한 항공기가 전 세계의 중요한 교통수단으로 사용된다는 것에 큰 자부심을 느끼고 있어. 직접 연구한 기술들이 항공기를 더 안전하게 하고, 여행 시간도 단축시키고, 환경오염도 줄일 수 있다는 것에 보람을 느낀단다.

세계적인 과학자, 어떻게 준비할까?

★ **창의적인 어린이** : 주어진 주제나 상황에 대해 독특하고 독창적인 아이디어를 낼 수 있어야 해요.

★ **혁신적인 어린이** : 새로운 아이디어를 낼 수 있고, 어떤 문제를 해결하기 위해 기발한 방법을 생각해 낼 수 있어야 해요.

★ **지식을 좋아하는 어린이** : 새로운 지식을 얻고, 지적인 활동을 좋아하는 어린이에게 잘 맞아요.

• 우주과학자가 되려면 어떻게 해야 할까요?

어렸을 때부터 호기심이 많고, 수학과 과학을 좋아해야 해. 과학 캠프에 참여해 흥미로운 과학 실험을 체험하고 과학 전시회가 열리면 빠짐없이 가서 구경해 보렴.

대학에서 항공우주학과나 천체우주학과를 졸업하고, 석사와 박사까지 공부하는 게 좋아. 우주과학자들은 국가에서 만든 연구소나 기업 또는 대학의 연구소에서 연구하는 경우가 많단다.

또 수많은 사람들이 서로 돕고 협조해야만 할 수 있는 거대한 프로젝트를 진행하기 때문에 팀워크가 매우 중요해. 따라서 너무 자기주장만 내세우지 말고, 다른 사람의 의견도 귀담아 듣고, 때로는 자신을 희생할 수도 있어야 해.

- **나사에서 일하려면 어떻게 해야 할까요?**

　나사(NASA)는 미국항공우주국이야. 최첨단 항공 우주 기술과 우주선, 인공위성 등을 연구 개발해. 본부는 워싱턴에 있고, 케네디우주센터, 고다드 우주비행센터, 그 밖에 여러 연구소 등으로 이뤄져 있어. 인류가 처음 달에 발을 디뎠던 아폴로 계획이 바로 나사에서 추진한 대표적인 프로젝트지.

　나사는 정직원만 1만 8,000명에 이를 만큼 거대한 기관이야. 그런데 이곳에서 일하는 한국인은 적지 않아. 대략 50~60명 정도인데 점점 늘어나고 있다고 해.

　나사에서 일하려면 공부를 열심히 해야 해. 나사에서 일하는 직원들은 대부분 석사나 박사 학위를 가지고 있어. 미국 사람들도 나사에 들어가기 위해 치열하게 경쟁하기 때문에, 외국인으로 나사에 들어가려면 더 많은 준비를 해야 해. 또 큰돈을 벌거나 이름을 알리겠다는 욕심을 버리고 인류를 위해 공헌하겠다는 마음을 가져야 하지.

그 밖의 유망한 직업들

자동차 디자이너

자동차 디자이너, 어떻게 준비할까?

★ **예술적인 어린이** : 사무적이고 체계적인 일보다는 미술·음악 등 자유롭고 예술적인 일을 좋아해요.

★ **창의적인 어린이** : 주어진 주제나 상황에 대해 독특하고 독창적인 아이디어를 낼 수 있어야 해요.

★ **혁신적인 어린이** : 새로운 아이디어를 낼 수 있고, 어떤 문제를 해결하기 위해 기발한 방법을 생각해 낼 수 있어야 해요.

요즘 도로를 지나다 보면 손쉽게 외제 차를 볼 수 있어. 요즘은 국산 차의 성능과 디자인이 외제 차 못지않게 좋아졌지만, 과거에는 외제 차가 선망의 대상이었단다.

그런데 요즘 외국 자동차 회사에서 우리나라 디자이너들이 두각을 나타내고 있단다. 2010년도 디트로이트 모터쇼에서 올해의 디자인상도 한국인 디자이너가 받았어. 한국인의 미적 감각을 세계가 인정했다고 할 수 있지.

자동차 디자이너는 사람들의 감각을 앞서 가는 안목이 필요한 직업이야. 보통 자동차는 한번 사면 10년 이상씩 몰기 때문에 사람들이 자동차를 살 때 미래 지향적인 디자인을 꼼꼼히 따지는 편이거든.

외국 자동차 회사에서는 앞선 감각의 디자이너를 뽑기 위해 해외의 유명한 디자인 대학이나 예술 학교 출신을 선호했던 것이 사실이야. 그래서 외국에서 활동하고 있는 디자이너 대부분이 국내에서 디자인을 공부한 후 외국으로 유학을 갔다가 그곳에서 자동차 회사에 취직하곤 했어.

그런데 최근에는 국내에서도 점차 교육의 기회가 넓어지고 있단다. 외국에서 공부한 후, 자동차 디자인 업무를 직접 경험했던 사람들이 국내 교육계로 많이 진출하고 있거든. 그래서 홍익대학교나 카이스트 산업디자인학과를 졸업한 후 자동차 회사의 디자이너로 활동하는 사례가 점차 늘어나고 있지.

해외 유명 자동차 디자인 학교

- 영국 왕립예술학교(RCA, Royal College of Art) www.rca.ac.uk
- 미국 아트센터디자인대학(ACCD, Art Center College of Design) www.artcenter.edu
- 독일 포르츠하임대학교 intl.fh-pforzheim.de
- 스웨덴 유메오 umeo.nl

그 밖의 유망한 직업들

국제 방송인

국제 방송인, 어떻게 준비할까?

★ **신뢰성을 가진 어린이** : 자신이 맡은 업무를 완벽하게 끝내 다른 사람들에게 신뢰감을 줄 수 있어야 해요.

★ **협조적인 어린이** : 다른 사람들과 즐거운 관계를 가지면서 서로 도울 수 있어야 해요.

★ **적응력이 뛰어난 어린이** : 변화에 잘 적응하고, 다양한 사람들에게 마음을 열고 다가갈 수 있어야 해요.

여러분의 목소리로 세계인의 아침을 깨워 보자. 아시아인의 아침을 깨우는 수잔 정처럼!

수잔 정은 채널뉴스아시아(CNA)의 메인 앵커야. 채널뉴스아시아는 아시아 관련 뉴스를 신속하고 정확하게 사람들에게 전달해 주는 뉴스 전문 방송국이야.

물론 외국 방송국에서 아나운서나 앵커로 활동하는 한국인이 이제는 제법 많아졌지. 외국 방송국에서 일하려면 그 나라 말을 아주 잘해야 해. 그래서 외국 방송국에서 일하는 아나운서나 앵커를 보면 대부분 어렸을 때 이민을 갔거나 아예 그곳에서 학교를 졸업한 경우가 많단다.

그런데 수잔 정은 우리나라에서 대학을 졸업한 후, 경험을 쌓아서 외국 방송국에 들어갔어. 그럼 이제 수잔 정이 미래의 후배 앵커들에게 전해 주는 비법을 한번 들어 볼까?

비법은 세 가지야.

한 우물을 파라! 기본에 충실하라! 도전하라!

수잔 정의 경우 대학교 방송국 아나운서를 시작으로 여러 방송국의 아나운서로 경험을 쌓았다고 해. 아리랑국제방송에서 다양한 분야를 경험한 뒤, 다른 외국 방송국에 연수를 가면서 계속 경력을 쌓은 거지. 이런 경험은 나중에 자기가 원하는 분야에 도전할 때 정말 큰 자산이 될 수 있거든.

그리고 외국 방송국에서 뉴스를 진행하려면 당연히 외국어를 잘해야겠지? 싱가포르에 있는 채널뉴스아시아에서 앵커로 활동하고 있는 수잔 정의 무기는 영어와 중국어야. 외국어는 기본이지만, 이 기본을 발판으로 무엇이든 새로운 것에 도전할 수 있는 거야.

그리고 마지막으로 실패를 두려워하지 않는 도전 정신! 여러 번 시험에 떨어지고, 실패하고 또 실패하고. 하지만 실패를 두려워해서 다시 도전하지 못한다면, 영원히 꿈을 이룰 수 없을 거야.

그 밖의 유망한 직업들

IT 전문가

IT 전문가, 어떻게 준비할까?

★ **지식을 좋아하는 어린이** : 끊임없이 지식을 쌓으며 그 지식을 이용해 새로운 것을 개발하는 것을 좋아해요.

★ **스트레스를 잘 이겨내는 어린이** : 다른 사람들의 비판을 받아들이고, 스트레스를 효과적으로 이겨 낼 수 있어야 해요.

★ **꼼꼼한 어린이** : 사소한 부분까지도 놓치지 않고 철저하게 일을 완수해야 해요.

   IT는 Information Technology의 약칭으로 컴퓨터 하드웨어와 소프트웨어를 비롯해 인터넷, 통신 등 관련 산업을 통칭하는 일을 말해. IT 전문가가 하는 일은 다양해서 직종도 분야에 따라 여러 가지란다. 프로그래머, 웹디자이너, 컴퓨터 보안 전문가, 네트워크 전문가, 정보 보안 전문가 등이 있어.

   컴퓨터나 인터넷이 생활의 중요한 도구가 되면서 구글이나 마이크로소프트 같은 IT 회사가 많이 알려졌어. 그래서 요즘은 미국의 IT 전문 기업에 들어가기를 원하는 친구들이 많아졌다고 해.

   구글이나 마이크로소프트는 우리나라와 조금 다르게 사람을 뽑는다는구나. 우리나라처럼 공채를 통해서 신입사원을 한꺼번에 뽑은 뒤, 사람들을 직책에 맞춰 교육시키지 않는대. 철저하게 일할 분야의 전문가를 가려내서 뽑는 거지. 그래서 대부분 경력자 중심으로 사람을 뽑는단다.

IT 쪽은 전문가라고 해서 모든 것을 다 잘하는 것은 아니야. 주요한 역할 별로 업무가 나뉘고, 자격증도 분야별로 다 달라. 그래서 자기가 진출하고 싶은 분야의 자격증을 딴 후 그 분야에서 경험을 하나씩 쌓은 다음 이들 회사에 지원하는 경우가 많다는구나. 만약 시스템 엔지니어가 되고 싶다면 컴퓨터 서버에 대한 전문 지식을 공부해서 네트워크 관련 자격증을 따야겠지.

한국의 컴퓨터 기술이 발전하면서 이들 기업에 진출하는 한국인의 숫자가 점차 늘고 있어. 그런데 하나같이 인터뷰 과정이 힘들었다고 얘기해. 우리나라처럼 한두 번의 인터뷰를 통해 사람을 뽑는 게 아니라 보통 10명 이상의 면접관을 만난다고 해. 다양한 분야의 전문가들이 구석구석 주도면밀하게 인터뷰를 하는 거지. 마이크로소프트에 입사한 어떤 아저씨는 인터뷰를 30일 동안이나 했다고 하니까 정말 힘들었겠지?

스티브 잡스

빌 게이츠